AF349365

Primera edició: juliol de 2018

© Xavier Deulonder i Camins
© d'aquesta edició: Ediciones La Tempestad S.L., 2018

Imatge de coberta: L'expulsió dels habitants de la ciutat de Carcassona el 1209, d'un manuscrit de les *Grans Cròniques de França* (circa 1415)

Llibres de l'Índex®
carrer Pujades, 6 - Local 2
08005 Barcelona
Tel: 932 250 439
E-mail: info@llibresindex.com
www.llibresindex.cat

ISBN: 978-84-7948-153-7

Fet a Catalunya

Xavier Deulonder i Camins

BREU INTRODUCCIÓ AL CATARISME

Llibres de l'Índex

Sumari

INTRODUCCIÓ

El mot "càtars", derivat del grec καθαρός / *katharós*, que vol dir "purs", és, únicament, el malnom que la Inquisició donava a una gent que s'autodenominaven "els bons homes" o "els bons cristians"; per tant, ací partim de la base que el catarisme no va ser res més que una forma de cristianisme difosa, des del segle x fins al xv, amb fluxos i refluxos, per l'Àsia Menor, els Balcans, el nord d'Itàlia, el Llenguadoc, Renània, Xampanya i Catalunya, és a dir, per tot arreu de la Cristiandat, tant en l'àmbit occidental llatí de l'Església Catòlica de Roma, com en l'àrea oriental bizantina ortodoxa on la màxima autoritat espiritual era el Patriarca Ecumènic de Constantinoble. La doctrina càtara va ser una modalitat arcaïtzant, però en certs aspectes innovadora, del cristianisme que féu una interpretació literal dels preceptes dels Evangelis[1]; com és lògic, si els càtars eren els "bons cristians", això és que hi havia uns "mals cristians": els catòlics que, imbuïts d'una forma espúria de cristianisme que en traïa fins i tot els principis més bàsics, els perseguien com a heretges i, per això, els condemnaven a morir cremats a la foguera. No és pas veritat, doncs, que el catarisme incorporés elements estranys o aliens al cristianisme ni, menys encara, que pretengués renegar-ne; és més, igual com d'altres heretgies sorgides a l'Edat Mitjana, el catarisme és la prova que la societat medieval estava del tot impregnada de cristianisme ja que, en aquella època, si s'arribava a la conclusió que l'Església no era més que una institució dirigida per uns homes indignes àvids només de riquesa i poder, en flagrant contradicció, doncs, amb el missatge de l'Evangeli, la reacció de molta gent no era pas abjurar del cristianisme, sinó bastir-se'n una forma alternativa i lluitar contra la versió adulterada de la doctrina de Crist que pretenia imposar l'Església. Sobre els orígens i possibles prece-

---

[1]   BRENON, Anne *El veritable rostre dels càtars* pàgs 26-27

dents del catarisme, hi ha molts equívocs, més que res perquè alguns historiadors, no especialitzats en el tema, han considerat les similituds doctrinals indici suficient per intentar demostrar filiacions i línies d'evolució.

Els "bons homes" o "els bons cristians", la Inquisició, i els catòlics en general, els anomenaven, també, d'una manera genèrica, "albigesos", en referència a la ciutat d'Albí, avui dia capital del departament francès del *Tarn*, situada a la regió històrica del Llenguadoc, inclosa en la regió administrativa creada, igual com totes les altres, per decisió del govern francès el 2014, a la qual, el 2016, se li va donar el nom d'*Occitanie*, una designació, però, força desafortunada perquè aquesta regió, amb capital a Tolosa, d'una banda, no inclou pas tot Occitània ja que en deixa fora la Provença, la Gascunya, l'Alvèrnia, el Llemosí, el Borbonès, el Delfinat i la Guiena, i, de l'altra, a París van decidir encabir-hi una contrada del tot aliena a Occitània com ho és la Catalunya Nord; amb tota seguretat, li hauria escaigut molt més el nom *Languedoc-Catalogne*. Al Llenguadoc —o a *Occitanie*, com es prefereixi—, va ser on el catarisme, un moviment religiós sorgit dins de la nebulosa de les heterodòxies medievals que començaren a manifestar-se en diferents llocs a partir del segle XI, va conèixer un desenvolupament històric més ric; per això, el fenomen albigès no s'entén si no es coneixen els trets generals de la història del Llenguadoc durant els segles XII i XIII, tant de l'organització que va tenir-hi l'Església com dels diferents poders principescos, senyorials i urbans que van constituir-s'hi.

La naturalesa divulgativa d'aquesta breu introducció ens ha obligat a assumir, també, l'objectiu de desmuntar les falòrnies esotèriques que, dissortadament, s'associen amb el catarisme; per això, hem hagut de dedicar un capítol als mites i llegendes sobre els càtars, amb la il·lusió i l'esperança que si, d'ací uns anys, algú escriu una obra amb les mateixes intencions i finalitats que aquesta, ja no li resulti necessari haver de dedicar una part del seu esforç de divulgació a parlar de ximpleries sense cap ni peus, per així poder destriar el gra de la palla.

Tal com és natural, ací no hem tingut prou espai per tractar sobre tot allò que els especialistes consideren rellevant sobre

el catarisme; confiant, doncs, que el lector tingui ganes de sa-
ber-ne més, hem acompanyat la nostra exposició d'una biblio-
grafia que permeti arribar força més enllà dels rudiments que
ací hem mostrat.

Creu de la noblesa occitana.

DOCTRINA

1.DUALISME I DOCETISME

El cristianisme càtar es caracteritzava per una concepció dualista, basada en l'existència de dos principis independents —el Bé i el Mal—, responsables de dues creacions; el principi del Bé —Déu— dugué a terme la creació veritable, és a dir, la de les coses que són realment: el Cel i els esperits, que no poden corrompre's ni destruir-se, mentre que la creació perpetrada pel principi del Mal —el Dimoni— és la il·lusòria: la del món material, visible, inestable, on tot hi està sotmès a la corrupció, a la mort, al desordre, al sofriment i a la violència. Com que és incapaç de proporcionar a les seves criatures una naturalesa incorruptible, el Dimoni va necessitar usurpar una part de la creació veritable, de la qual la seva no és sinó un succedani grotesc, i, recorrent a l'engany i a la coacció, va aconseguir fer caure uns quants esperits dins del món material, perquè, quedant-hi atrapats, li donessin vida, i ací hi ha l'origen de les ànimes de les persones.

A causa de la seva corrupció pel contacte amb el món material, quan moria el cos dins del qual estava empresonada, l'ànima no podia retornar pas al seu lloc d'origen —el Cel— i havia de reencarnar-se en un altre cos, trobant-se així tancada dins d'un cicle circular sense fi; tanmateix, Déu, compadit de les seves criatures captives del Dimoni, va enviar a la Terra Jesucrist, un àngel que, per la seva condició d'esperit pur, no va encarnar-se en cap cos, sinó que, per fer-se entenedor a les persones, va dotar-se d'aparença humana; els càtars, doncs, mantenien la doctrina docetista —paraula derivada del verb grec *dokéo* (semblar)—, que la matèria del cos de Crist no era pas real sinó només aparent perquè la divinitat no pot pas conviure amb un cos mortal, del tot incompatible amb la creença catòlica i ortodoxa que Jesucrist és el Fill de Déu fet home i, per tant, és veritablement home i veritablement Déu, en plena possessió de les dues naturaleses, humana i divina. La missió de Jesús entre els esperits caiguts fou ensenyar-los la doctrina de rebuig a les coses materials i la pràctica del consolament o baptisme per imposició de mans; posant en pràctica els ensenyaments de Jesús, les ànimes pogueren començar a trencar el cicle de les reencarnacions i tornar al Cel; així doncs, Crist va realitzar la Redempció per la seva prèdica i pel seu exemple i no pas, com creuen els catòlics, per la seva mort a la Creu, la qual, els càtars, o bé la negaven, o bé la matisaven considerant-la només aparent; en conseqüència, com que no havia mort, Crist no ressuscità ni, menys encara, ascendí al Cel en cos i ànima, perquè, com és lògic, al Cel, és a dir, al món espiritual, no hi ha lloc per als cossos, un element del món material. La Redempció representa l'inici de la fi del món de la matèria que, d'una manera natural, es consumarà amb el retorn al Cel de la darrera ànima captiva, ja que la creació il·lusòria no pot subsistir sense els esperits presoners.

El rebuig al món material, creat pel Dimoni, duia els càtars a propugnar un ideal de pobresa, castedat, dejuni, i alimentació a base, exclusivament, de vegetals i de peix; la carn, la rebutjaven perquè procedia de cossos generats a conseqüència d'una còpula sexual, mentre que, en aquella època, es creia que els peixos naixien espontàniament del mar, sense aparellament; com és obvi, els càtars deurien ignorar que la reproducció de les espècies vegetals també és sexual. Tanmateix, com que no admetien la idea catòlica del lliure albir, segons la qual la pràctica del pecat o de la virtut resulta sempre d'una elecció voluntària de l'esperit, consideraven la seva estricta moral practicable només per aquelles ànimes arribades a un estat de completa puresa, mentre que els esperits encara no prou purs queien inevitablement en el pecat, i havien de seguir, una altra vegada, el cicle de reencarnacions, fins que, un cop alliberats de la corrupció, haguessin esdevingut capaços de rebutjar el món material i poder entrar al Cel, després d'haver patit la darrera reencarnació[2].

2   BRENON, Anne *El veritable rostre dels càtars* pàgs 82-97

2.LES SAGRADES ESCRIPTURES

Segons els cristians, la Bíblia, és a dir, el conjunt de textos que reconeixen com a Sagrades Escriptures perquè contenen la paraula de Déu, es divideix en dues parts:

> l'Antic Testament: els llibres de la Bíblia jueva, que, seguint l'exemple de Jesucrist i dels apòstols, els cristians van reconèixer, des del primer moment, com a sagrats, és a dir, com a escrits sota inspiració divina

> el Nou Testament: textos escrits pels cristians dècades després de la mort de Jesús, als quals també reconegueren la condició de Sagrades Escriptures

Al Nou Testament, els quatre Evangelis —atribuïts a Mateu, Marc, Lluc i Joan— expliquen la vida de Jesucrist, i el llibre dels Fets dels Apòstols —considerat obra també de l'evangelista Lluc— la història dels dotze deixebles de Jesús; les epístoles —les de Sant Pau i, també, les de Sant Jaume, Sant Pere, Sant Joan i Sant Judes— presenten un caràcter doctrinal, mentre que l'Apocalipsi —atribuït a l'Evangelista Joan a qui es considera també un dels dotze apòstols— és un llibre profètic, que es refereix al Judici Final i a la fi del món, segons el qual la nova aliança amb Déu bastida per Jesucrist ha de conduir-nos, en el futur, a una unió més íntima amb Déu al Cel. Al Nou Testament, s'hi explica com es va formar el cristianisme, i, d'altra banda, els cristians creuen que la consumació dels ensenyaments de l'Antic Testament va iniciar-se amb Jesucrist; així doncs, l'Antic Testament és el missatge bíblic que, al llarg de mil dos-cents anys, va anar preparant el terreny en què la figura de Jesucrist va fer-se realitat. El nucli de la predicació de l'Antic Testament és la vinguda del regne de Déu, procés en el qual actuà Jesús, i els llibres del Nou Testament van escriure's amb el propòsit d'anunciar Jesucrist i, amb ell, el regne de Déu[3].

---

3   MERTENS, Heinrich A.: *Manual de la Biblia : aspectos literarios, históricos, arqueológicos, histórico-religiosos, culturales y geográficos del Antiguo y Nuevo Testamento* Barcelona: Herder, 1989 pàgs 24-26

El dualisme duia els càtars a identificar Jahvé —el Déu de l'Antic Testament, creador del món— amb el Dimoni i, per això, admetien com a textos sagrats només el Nou Testament, on s'hi revela Crist, i els llibres poètics i sapiencials de l'Antic: l'Eclesiastès, l'Eclesiàstic, els Salms, els Proverbis i els Càntics[4], on hi podem trobar històries de personatges destacats com ara Tobit, Ester i Job, com també temes didàctics o oracions. Rebutjaven, doncs, perquè els consideraven satànics, els llibres històrics —Josuè, Jutges, Rut, Samuel, Reis, Cròniques, Esdres i Nehemies, Macabeus—, que tracten sobre la història del poble d'Israel, el poble elegit per Jahvé, els llibres dels profetes —Isaïes, Jeremies, Les Lamentacions, Baruc, Ezequiel, Daniel, Osees, Joel, Amós, Abdies, Jonàs, Miquees, Nahum, Habacuc, Sofonies, Ageu, Zacaries i Malaquies—, així com els cinc llibres del Pentateuc:

El Gènesi, on s'hi narra la creació del món per Jahvé

L'Èxode, el relat de la travessia pel desert que, sota la direcció de Moisès, els israelites seguiren per arribar des d'Egipte fins a Canaan, la Terra Promesa per Jahvé

Els Nombres, on s'hi enumeren les dotze tribus d'Israel, així com certs preceptes de la Llei que Jahvé donà a Moisès al Sinaí

El Levític, que descriu les cerimònies religioses i les lleis referides a la tribu de Leví, que era la sacerdotal

El Deuteronomi, on es resumeix les lleis anteriorment promulgades entre els israelites

D'altra banda, així com l'Església Catòlica usava la Vulgata, és a dir, la traducció al llatí dels textos bíblics efectuada per Sant Jeroni d'Estridó (342-420), com a versió oficial de la Bíblia, i era contrària a fer-ne versions en les llengües vernacles, els càtars

---

4   BRENON, Anne: *El veritable rostre dels càtars* pàg 52

traduïen la seva Bíblia a les llengües vulgars de les terres on predicaven.

3.L'ESGLÉSIA

Els càtars no foren pas els únics grups herètics que es manifestaren entre els segles XI i XII. A Lió, pels voltants de 1160, un comerciant dit Pere Valdès o Vaudès, un laic, doncs, abandonà l'activitat mercantil, repartí el seu capital entre els pobres i passà a predicar a favor del retorn a la pobresa, la humilitat i la vida evangèlica que, segons ell, l'Església havia practicat en temps dels primers cristians; d'ací el seu èmfasi en el dejuni i d'altres pràctiques d'ascetisme com també la seva aversió al sexe. En principi, no es tractava pas d'una heretgia, ja que no presentava cap divergència doctrinal ni teològica respecte del credo catòlic, sinó d'un moviment de reforma per eradicar la corrupció i la cobdícia material de l'Església, on, a més, els laics, incloent-hi les dones, tot i admetre l'autoritat del clero, volien tenir-hi més participació, i, per això, s'atribuïen el dret de predicar en públic o, fins i tot, el d'administrar l'eucaristia i d'altres sagraments; a part d'això, els "Pobres de Lió" —tal com s'autodenominaven els valdesos— consideraven ineficaços els sagraments administrats per clergues que no estiguessin en gràcia de Déu. Els valdesos van intentar ser reconeguts per l'Església però, el 1184, el papa Luci III (1181-1185), amb el suport de l'emperador, va promulgar al Concili de Verona la decretal *ad abolendam* instant a la repressió de tots els heretges, concepte dins del qual hi incloïa valdesos[5].

A diferència dels valdesos, però, els càtars no eren pas grups de laics predicant sense permís de l'Església, sinó que bastiren una església pròpia, que ells anomenaven l'Església dels Bons Cristians o dels Veritables Cristians, dels Bons Homes; aquestes denominacions donen a entendre que consideraven l'Església Catòlica una usurpadora del nom de Crist ja que es veien com els únics hereus del seu autèntic missatge. L'Església dels Bons Cristians comptava amb uns sagraments —el consolament—, una metafísica —el dualisme—,

<hr>

5   PIÑERO, Antonio: *Los Cristianismos derrotados* pàgs 305-307

una moral de salvació, uns fidels, uns clergues —als quals, la Inquisició donà el nom de "perfectes", que ells no usaren mai— organitzats en una jerarquia de diaques i bisbes, la funció dels quals era difondre, mitjançant la prèdica itinerant i l'exemple de la pobresa, la doctrina entre els fidels[6]. La metafísica, la doctrina i l'eclesiologia de l'Església dels Bons Cristians es coneix mitjançant dos tractats teològics:

El *Llibre dels dos principis*, procedent del nord d'Itàlia; aquest text va ser descobert a Florència, i el sacerdot i frare dominic Antoine Dondaine (1898-1987) va publicar-lo, per primera vegada, el 1939

El Tractat anònim, inclòs en la refutació del polemista valdès convertit al catolicisme Duran d'Osca (1160-1224); el pare Dondaine va reconèixer-lo en els manuscrits de Praga i de la Biblioteca Nacional de París, i Christine Thouzellier (1902-1982) va publicar-lo a *Un traité cathare inédit du début du xiiie siècle, d'après le 'Liber contra Manicheos' de Durand de Huesca*, Louvain, 1961

Una altra font és la literatura escrita per eclesiàstics i intel·lectuals catòlics, com ara els monjos cistercencs o els frares dominics, amb el propòsit de refutar la doctrina càtara; lògicament, polemitzar amb els predicadors de l'Església dels Bons Cristians només era possible si se'n tenia un bon coneixement de les doctrines; per això, una de les "summes antiherètiques" més interessants és la que va escriure Raneiro —o Rainier— Sacchoni (mort el 1263), un antic bisbe càtar que, després de convertir-se al catolicisme, va fer-se dominic i acabà sent inquisidor a Llombardia; a més, els registres de la Inquisició dels comtats de Tolosa i de Foix així com els dels vescomtats de Carcassona, Albí i Rasès proporcionen força detalls sobre la sociologia i l'etnologia de la vida dels càtars. D'altra banda, també disposem de tres rituals càtars, un de redactat en llatí, que apareix copiat a continuació del *Llibre dels dos principis*, i dos d'escrits en occità: el copiat a continuació de la Bíblia càtara conservada a la Biblioteca municipal de Lió i un fragment del Ritual de Dublin, potser d'origen provençal[7].

---

6 Brenon, Anne:*El veritable rostre dels càtars* pàgs 50-51

7 Brenon, Anne:*El veritable rostre dels càtars* pàgs 25-29

ORÍGENS

1.ELS CRISTIANISMES DUALISTES
1.1.ELS MARCIONITES

Els càtars no foren pas els primers cristians dualistes de la història. Partint de la base que la divinitat suprema havia de ser essencialment bona, Marció de Sinope (85-160) va arribar a la conclusió que Jahvé no era més que un demiürg, terme d'origen platònic amb què es designa el creador del món material, una divinitat inferior respecte del déu transcendent; generalment, en aquesta concepció, es considera el Demiürg no sols dolent sinó, a més, tan neci que ignora l'existència de Déu —transcendent, superior, aliè a aquest univers que no és pas creació seva, bo i inefable— i, per això, es creu que és l'Ésser Suprem. La fe incondicional de Marció en Sant Pau qui, en les seves epístoles, predicava l'oposició radical entre la llei de Moisès i l'Evangeli de Jesucrist, va portar-lo a considerar Jahvé un ésser pervers, autor d'una llei impossible de complir i, per això, malvada; a més, en l'Antic Testament, Jahvé es mostra iracund, zelós, venjatiu, cruel amb d'altres nacions que no siguin la seva i sempre disposat a castigar sense pietat el seu poble, mentre que, en el Nou Testament, Jesucrist predicava un Déu bondadós, ple d'amor i de pietat, tendent sempre a la misericòrdia i al perdó.

Dins d'un univers tan imperfecte com el seu creador, Marció veia l'ànima de l'home aclaparada per la seva irresistible inclinació cap al pecat així com sotmesa a la tirania de Jahvé que castiga l'home amb una extrema severitat si no compleix la seva llei; llavors, Déu, mogut per la seva compassió, envià un Salvador, el seu Fill; ara bé, el Déu Suprem és únic i, per tant, el Fill no és pas una persona diferent del Pare sinó una mera revelació de Déu; no hi ha, doncs, diferència entre el Pare i el Fill perquè tots dos formen un Déu únic; d'altra banda, el Salvador —Jesucrist— no s'encarna pas sinó que, només, adopta un cos aparent ja que és impossible que el Déu Suprem assumeixi una cosa que li resulta del tot estranya com ho és la matèria. Jesucrist realitzà la Redempció permetent que els esbirros de Jahvé el fessin morir a la creu, pagant així un rescat de la humanitat de mans del seu creador, i, també, revelant als homes l'existència del Déu Suprem i la maldat de Jahvé, la inanitat de la seva llei, el veritable sentit del pecat —sotmetre's a Jahvé i intentar complaure'l complint la seva llei— i la necessitat d'esperar la mort amb tranquil·litat perquè l'esperit de l'home pugui ascendir i estar eternament amb el Déu bo i transcendent. Evitar el pecat no significa, únicament, renegar de la llei de Jahvé sinó menar una vida completament ascètica renunciant a tots els plaers de la matèria. En el Judici Final, presidit pel Déu Suprem i Transcendent, se salvaran tots, incloent-hi els pagans, excepte els que s'hagin mantingut fidels a Jahvé i a l'Antic Testament —els jueus— que seran condemnats al foc etern.

Marció, excomunicat per l'Església de Roma que rebutjava les seves doctrines, va fundar la seva pròpia església, la qual va implantar-se en diferents llocs de l'Imperi i, segons sembla, a Síria i Armènia la seva influència es va mantenir fins al segle v, mentre que la fi del marcionisme acostuma a situar-se al segle vi; en aquesta església, també s'administraven els sagraments de baptisme/unció i eucaristia, però entenent-los sempre d'una manera simbòlica; així, per exemple, no es podia creure que combregar signifiqués menjar la carn del Salvador i beure'n la sang perquè el Redemptor pertany a un altre món diferent que no té res a veure amb la matèria i la carn. En elaborar el seu cànon de Sagrades Escriptures, Marció va suprimir tot l'Antic Testament ja que hi veia la proclamació de Jahvé, de la seva llei, la seva maldat i la seva ignorància; d'altra banda, si els profetes anunciaven la futura vinguda d'un messies, ho feien només per al poble d'Israel i per a d'altres ingenus que creien en Jahvé; a més, la salvació que aportés aquest messies seria banal i imperfecta; dels escrits cristians, només acceptava les epístoles de Sant Pau perquè el considerava l'apòstol que, amb més claredat, proclamava un evangeli contrari a Jahvé i a la validesa de la seva Llei com a instrument de salvació, i l'Evangeli de Lluc perquè, segons la tradició, l'evangelista Lluc

havia estat un deixeble de Sant Pau; a més, d'aquest dos textos
va esporgar-ne els passatges que considerava interpolats ja que
parlaven bé de Jahvé. La reacció contra el marcionisme va dur
l'Església a assenyalar tot un cànon de textos cristians als quals
s'havia de considerar Sagrades Escriptures i, doncs, afegir-los a
la Bíblia, i aquest va ser l'origen del Nou Testament, acabat de
configurar a finals del segle II[8].

1.2.LA GNOSI

La gnosi, present a la Mediterrània Oriental des d'abans de l'inici
de l'era cristiana, no era pas una religió sinó, més aviat, una at-
mosfera religiosa amb un conjunt d'idees que podien seguir-se
des de diferents religions. El seu punt de partida és l'alienació de
l'ésser humà en veure's empresonat en un món que l'oprimeix i
on s'hi sent estrany; en comprendre l'extensió del mal al món i
la inanitat de la matèria, moltes persones desitgen alliberar-se
d'aquest món i unir-se, de la manera que sigui, a la divinitat a
què creuen pertànyer. La gnosi, que està en la base de diferents
sistemes espirituals o que, també, s'hi forma a l'interior, podia
considerar la religió dins de la qual creixia com un estadi inferior
de la religiositat ja que al nivell superior només hi accedien els
"gnòstics", els vertaders coneixedors, desitjosos de posseir la veritat
total i als quals la Divinitat responia dispensant-los una revelació
especial que contenia la resposta a les qüestions essencials de
l'home: Qui sóc realment? D'on vinc? Quina relació tinc amb la
divinitat? Com aconseguiré tornar al lloc d'on procedeixo, és a
dir, com aconseguiré la salvació? Com eliminaré els impediments
que s'hi oposen? La gnosi pot entendre's, doncs, com un sistema
ordenat de conceptes que explica tant la divinitat i el seu entorn
com l'univers intermedi que se suposa existent entre Déu i els
humans, i, finalment, el món visible on viuen les persones, de
tal manera que, gràcies a la il·luminació d'una especial revelació
divina, s'obté una explicació universal de:

---

8   PIÑERO, Antonio: *Los Cristianismos derrotados* pàgs 85-89

La divinitat i els primers principis (teologia/teodicea)

L'origen del món (cosmologia i astrologia)

Els éssers intermedis (pneumatologia o angelologia)

L'home (antropologia)

Sobre la manera de salvar-se (soteriologia)

D'altra banda, en la gnosi es pot trobar també el llegat de reflexions i coneixements esotèrics, d'origen mediterrani o, igualment, egipci, mesopotàmic i, fins i tot, indi, sobre els aspectes més pregons de la divinitat, dels secrets de la creació de l'univers i de l'home i de la seva relació amb Déu, mentre que a Grècia i el món hel·lenístic, hi havia tradicions de coneixements religiosos secrets dels òrfics (segles VII i VI a de J.C.), els filòsofs pitagòrics i Plató que, d'alguna manera, desembocaren en la gnosi.

En el món hel·lenístic, la cultura dominant a la Mediterrània Oriental durant els mil anys que transcorregueren entre la conquesta de Pèrsia, Egipte i tot l'Orient Mitjà per Alexandre el Gran (336-323 a de J.C.) i les invasions àrabs del segle VII, origen de la difusió de l'Islam, ens podem imaginar uns jueus que, influïts, segurament, per la filosofia grega, en concret per la de Plató, qui, al diàleg *Timeu*, exposà el mite del Demiürg, deurien trobar insatisfactòries les explicacions tradicionals sobre l'existència del mal al món que en situaven l'origen o bé en l'acció de Satanàs —un esperit angèlic, tot i que malvat, dependent, doncs, de Déu— o bé en la inclinació maligna del cor de l'home; llavors, atribuint al Demiürg la creació de l'Univers, es podia exonerar Déu —l'U i el Bé absolut— de la creació del món i de la matèria i, doncs, de l'acusació de ser el causant del mal; a més, als primers capítols del Gènesi es donen dues versions diferents sobre la creació d'Adam; la primera, l'atribueix a Elohim —que, en hebreu, volia dir "els déus"— i la segona, a Jahvé; a partir d'ací, es podia passar interpretar el relat del Gènesi aplicant-hi idees platòniques: la diferència radical entre l'esperit i la matèria, veure en el món sensible una còpia, imperfecta, del món superior, celest, de les Idees i la immortalitat de l'ànima, dividida en parts on l'esperit o "ment" ocupava el lloc superior; llavors, es treia la conclusió que el Gènesi revelava, ni que fos d'una manera críptica, una distinció entre una deïtat suprema, transcendent i inabastable —Déu—, i el creador fàctic d'aquest món pervers i dominat pel mal: el Demiürg. Naturalment, al platonisme, s'hi podien afegir d'altres idees basades en la lluita inevitable entre el Bé i el Mal així com nocions esotèriques vigents al món grecoromà. És força probable que, en desenvolupar-se, la gnosi afectés directament el judaisme, el paganisme més esotèric (l'hermetisme) i, sobretot, el cristianisme dels segles II i III, els corrents gnòstics del qual estan representants pels documents trobats el 1945 a la biblioteca de Nag Hammadi (Egipte) i d'altres escrits afins:

L'Evangeli de Tomàs: presenta Jesús com l'encarnació de la Saviesa de Déu, però no fa cap insistència en la seva mort a la creu. Segurament, no hi deuria veure pas un sacrifici per a la salvació dels pecats de la humanitat, sinó que deuria considerar que la redempció s'aconseguia parant atenció al missatge de Jesús Revelador/Saviesa i creient-hi

L'Evangeli de Judes: no accepta tampoc el valor del sacrifici de Jesús a la creu, ni el dels sagraments, com l'eucaristia i el baptisme; fins i tot, presenta Jesús rient-se dels seus deixebles mateixos per creure-hi. La jerarquia de l'Església com a successora dels apòstols no té cap fonament; dels deixebles de Jesús, només Judes —a qui el cristianisme majoritari acusa d'haver traït Jesús lliurant-lo als que el volien crucificar— va saber entendre'n el missatge, ja que únicament són uns pocs els capaços de comprendre la veritable ensenyança del Revelador; lògicament, els altres deixebles no podien pas transmetre una doctrina sana, derivada de la del Mestre

L'Apocalipsi de Pere i *l'Evangeli de la Veritat*: Déu Pare no necessità per a res el patiment i la mort de Jesús per salvar la humanitat; les persones se salven mitjançant l'ensenyament il·luminador de Jesús, amb el qual s'accedeix a la maduresa espiritual i, al final de l'existència terrena, l'esperit de l'home ascendeix sense més al Cel o Pleroma

D'altra banda, el gnòstic egipci Valentí, probable autor de *l'Evangeli de la Veritat*, afirmava que Jesús portà la salvació a la terra com a mestre vertader de l'autèntic coneixement de Déu, l'única eina útil per superar el mal i el patiment al món, causats per la ignorància de com és la Divinitat. El sacrifici de la creu no va ser res més que una estranya i molt especial ocasió per revelar el vertader evangeli: Jesús no va patir de veritat, sinó que proclamà l'ensenyament de com és el Pare i de com l'àmbit espiritual ha d'unir-se a Ell mitjançant els ensenyaments de Jesús, eliminant la ignorància, la deficiència i l'error. Així doncs, segons els cristians gnòstics, Jesús era l'enviat celest que davalla des del Pleroma, revela i ascendeix de nou al lloc d'on procedeix; l'esperit de l'ésser humà, que, gràcies a aquesta revelació, ha après que és consubstancial amb Déu, no ha de pensar-se que se salva per creure en l'eficàcia de la creu, sinó per sortir del seu estat d'alienació en aquest món, per l'alliberament dels llaços de la matèria —el cos— i per deixar que l'esperit, fins i tot encara en la terra, s'uneixi lliurement amb Déu[9].

1.3. ELS MANIQUEUS

A finals del segle III, dins de la cristiandat oriental, molt influïda encara per la gnosi i, també, per les doctrines religioses del zoroastrisme, vigents a Pèrsia fins a la invasió islàmica del segle VII, va sorgir el maniqueisme, doctrina enunciada pel predicador irianià Mani —o Manes— (216-277) qui es presentava com a "vertader apòstol de Jesucrist" i citava amb reverència les epístoles de Sant Pau, com també el seu pensament rebia influències del Nou Testament i de d'altres textos cristians com ara *Els fets apòcrifs de l'apòstol Tomàs*.

La doctrina maniquea, en la qual l'estat de les fonts no ens permet distingir quins elements procedeixen de Mani mateix i quins dels seus deixebles, es basa en un complicat mite de caràcter més o menys gnòstic on, partint de l'existència de dos principis separats i antagònics —la Llum i les Tenebres—, s'arriba a la idea de l'exili de l'ànima i de la seva salvació en el marc d'un món

---

9   Ídem pàgs 91-108

material aliè i hostil, creat per una Potència divina, bona, però barrejat amb la matèria malvada, generada pels dimonis. A diferència de com ho deien els gnòstics, els maniqueus consideraven que la redempció no s'aconseguia només pel coneixement salvador sobre com alliberar l'home de la matèria rescatant-hi allò que hi ha de Llum —la doctrina revelada als éssers humans per Mani, el darrer redemptor, il·luminador i metge de les ànimes, i, anteriorment, pels seus predecessors: Set, Noè, Abraham, Buda, Zaratustra, Jesús i els seus apòstols i Sant Pau— sinó, a més, amb una pràctica recta de la virtut, consistent a alliberar la Llum del contacte amb les Tenebres; per això, es donava importància a la pobresa, el dejuni i l'abstinència sexual. Els maniqueus, que consideraven Jesús el missatger de la Llum, establiren una església que, fins al segle X, tingué la seu central a Babilònia i, després, a Samarcanda; aquesta església rebutjava l'Antic Testament, ja que no procedia pas del Pare de la Grandesa, regnant a l'àmbit de la Llum, acceptava algunes parts del Nou Testament i també tenia els seus propis textos, escrits per Mani[10].

1.4.ELS PAULICIANS I ELS BOGOMILS

Els paulicians, anomenats així perquè semblaven sentir molta veneració per Sant Pau, sorgiren al segle VI a l'Àsia Menor o, segons d'altres teories, a Armènia al segle VII, zones molt en contacte amb l'Orient babilònic i iranià com també amb tradició maniquea; després, arribaren a estar molt implantats a l'Imperi Bizantí on, al segle IX, foren perseguits i, per això, fugiren a Bulgària, tot i que no desaparegueren fins que l'emperador bizantí Aleix I Comnè (1081-1118) els va obligar a convertir-se al cristianisme ortodox.

Segons el testimoni del monjo bizantí del segle IX Pere de Sicília —dit també Petrus Siculus o Petros Sikeliotes—, igual com els maniqueus, els paulicians creien que, als orígens, hi havia dos principis contraposats: una divinitat malvada, creadora i dominadora d'aquest món i un Déu transcendent, que, només als final dels temps, resultarà victoriós; a més, rebutjaven l'Antic Testament

---

10   Ídem pàgs 197-215

per creure'l obra de la divinitat dolenta, com també atribuïen la creació de la matèria i del cos humà al Principi del Mal. Seguien la idea docetista que el cos de Jesucrist, el Revelador, havia estat només aparent i, doncs, Maria, la seva mare, només havia donat a llum la vestidura corporal externa de Crist; per tant, no acceptaven el culte marià ni, tampoc, el baptisme o l'eucaristia en nom de Jesús ja que no es podia batejar en nom del Crist carnal i, d'altra banda, era inútil ingerir la carn o cos aparent de Crist; a més, la importància de Jesús residia en les seves doctrines morals, d'on deduïen uns ideals de pobresa i d'ascetisme. Els paulicians també eren contraris a les estructures de poder i a la jerarquia eclesiàstica tot i que acceptessin una mena de guia suprema espiritual.

Vers el 940, el patriarca Teofilacte de Constantinoble va rebre notícies del rei Pere I de Bulgària que al seu país s'hi havia difós "una nova heretgia" i, segurament, en resposta a la seva ràpida implantació, el 972, el sacerdot búlgar Kosma va escriure *Tractat contra l'heretgia dels bogomils*, un moviment que, segons ell, va fundar-lo algú anomenat Bogomil que, durant el regnat de Pere I (927-969), va viure a les regions de Tràcia i Macedònia, al voltant de Plovdiv; l'existència històrica d'aquest Bogomil, però, no sembla gaire probable; el nom "Bogomil" o "Bogumil" significa, igual com Teòfil o Amadeu, "que estima Déu"; per tant, resulta més lògic creure que un predicador va ensenyar l'heretgia "dels veritables amants de Déu" o "dels estimats vertaders de Déu" i que, més tard, se li va assignar com a nom propi la designació de la secta.

Segons els bogomils, hi ha dos principis iguals: el Bé —Déu— i el Mal —Llucifer— o, en les seves versions més moderades, només el Principi Bo que, tanmateix, per causes molt diverses, generà Llucifer i els quatre elements —aigua, foc, terra i aire—, materials i, doncs, perversos, a partir dels quals Llucifer creà l'Univers; com a contrapartida a Llucifer, el Principi Bo va generar Crist, enviat a la terra per redimir l'home ja que la seva ànima —no pas el seu cos, naturalment— procedeix del Principi Bo; el cos de Crist només era aparent —de nou ens trobem amb el docetisme— i, per tant, no va haver-hi sacrifici a la creu; així doncs, no s'ha de venerar la creu ni tampoc cap mena d'imatge. Els bogomils rebutjaven l'Antic Testament per considerar-lo inspirat per l'Esperit Dolent, excepte els Salms i els llibres dels Profetes, mentre que del Nou Testament, calia fer-ne una interpretació al·legòrica. Sentien aversió al sexe, i d'ací que fossin contraris a la procreació i al matrimoni, no admetien el baptisme i l'eucaristia perquè hi veien pràctiques pròpies de l'Església corrupta i els consideraven uns ritus d'origen molt dubtós; el mitjà més eficaç per assolir la salvació era centrar-se en la pregària[11].

2.CATARISME I DUALISME

Els orígens del catarisme no són gaire coneguts. Tradicionalment, s'havia cregut que els càtars no eren res més que la darrera baula d'una cadena formada per Zaratustra, Pitàgores, els marcionites, els gnòstics, els maniqueus, els paulicians i els bogomils; ara bé, aquesta idea, recollida per Rafael Dalmau el 1960[12], va qüestionar-la Anne Brenon basant-se en la manca de proves sobre el coneixement de les obres de Mani pels càtars, l'única font doctrinal dels quals era el Nou Testament, i considerant el dualisme no pas com una influència aliena —de Mani o Zaratustra— sinó com una de les possibles respostes a un important problema teològic cristià: com pot existir el Mal al món, si Déu és bo?

Per altra banda, la simultaneïtat de l'aparició del cristianisme dualista a Bulgària i a l'àrea occidental —Itàlia, Llenguadoc, Renània i Xampanya—, posada de manifest per Brenon assenyalant que el *Tractat* del sacerdot búlgar Kosma només és una o dues dècades anterior als fets que narren els cronistes francesos del segle XI, deixa en suspens la visió de Paul Labal[13] de veure el catarisme com el resultat de la difusió a Occident del bogomilisme, una doctrina d'origen oriental. Així doncs, Brenon, considerant impossible aportar-hi una resposta definitiva, es limita a establir la hipòtesi del catarisme com una antiga forma de creença, sorgida durant els primers temps del cristianis-

---

11   Ídem pàgs 285-289

12   DALMAU i FERRERES, Rafael: *L'heretgia albigesa i la batalla de Muret*

13   LABAL, Paul:*Los cátaros, herejía y crisis social*

me, que, en unes circumstàncies favorables, va reviscolar, d'una manera simultània, a Orient i a Occident vers l'any 1000[14].

Ben mirat, però, les tres religions abrahàmiques —el judaisme, el cristianisme i l'islam— tenen un punt de dualisme perquè sempre proposen l'existència de Déu però, també, la del Dimoni. D'altra banda, les esglésies cristianes majoritàries atribueixen la creació del món a Déu i, per això, consideren incorrecte rebutjar-lo com una cosa intrínsecament perversa o dolenta; tanmateix, a part del món —la Terra—, hi ha el Cel, on, a diferència de com s'esdevé a la Terra, el mal no pot manifestar-s'hi i, per això, s'hi gaudeix d'una felicitat plena, impossible d'assolir en aquest món on la joia només pot ser temporal ja que sempre estem exposats al sofriment; a més, els plaers que puguem trobar a la Terra no sols són enganyosos, sinó que poden conduir-nos al pecat, la conseqüència del qual és la condemnació a les penes eternes de l'Infern. En conseqüència, doncs, els càtars, igual com els bogomils, els paulicians, els maniqueus, els gnòstics i els marcionites, no feren res més que radicalitzar el dualisme implícit en el cristianisme.

3. L'ESGLÉSIA DE BÒSNIA

La religió fou una peculiaritat de la història medieval de Bòsnia, ja que s'hi desenvolupà una església autòctona que, per les seves doctrines, la consideraven herètica tant els catòlics com els ortodoxos.

Basant-se en fonts catòliques, avui dia es considera que l'Església Bòsnia deuria proposar una doctrina dualista similar, doncs, a la dels bogomils o a la dels càtars. Tanmateix, entre els estudiosos d'avui dia, no tots accepten que l'Església Bòsnia fos dualista, sinó que alguns consideren la seva doctrina del tot compatible amb les proposades des de Roma o des de Constantinoble; el punt de divergència s'hauria originat, doncs, perquè, a causa de l'aïllament de Bòsnia, la seva església va conservar alguns elements arcaics, anteriors al Cisma d'Orient (1054). D'altra banda, a Bòsnia, no tothom era adepte d'aquesta església local, ja que

---

14   BRENON, Anne: *El veritable rostre dels càtars.* pàgs 130-133

també hi havia catòlics i ortodoxos. Tots els bans i reis de Bòsnia van ser catòlics, excepte Esteve Ostoja —rei (1398-1404) i (1409-1418)— que, igual com alguns nobles bosnians, va mostrar alguna simpatia per l'Església Bòsnia mentre va ser al tron.

Sovint es considera que els musulmans de Bòsnia tenen el seu origen en la conversió a l'Islam dels antics adeptes de l'Església Bòsnia; tanmateix, alguns historiadors qüestionen aquesta teoria assenyalant que, força abans de la conquesta turca (1463), l'Església Bòsnia ja havia desaparegut.

Carcassona.

EL CATARISME AL LLENGUADOC

1. L'ARRELAMENT DEL CATARISME

El Llenguadoc no fou ni el bressol del catarisme ni l'única regió de la Cristiandat llatina on s'hi donà aquest tipus de creença; ara bé, només a ací i a Llombardia, hi arrelà l'Església dels Bons Cristians, la qual va poder estructurar els bisbats de Tolosa, Albí, Carcassona, Agen i Llombardia, esmentats a les actes del concili càtar celebrat el 1167 a Sant Fèlix de Caramany —l'actual Saint-Félix-Lauragais (*Haute-Garonne*)—, no gaire lluny de Tolosa, en presència de Niketas, bisbe càtar de Constantinoble. A l'Île-de-France i a la Renània, el catarisme no va poder consolidar-s'hi a causa de la decidida reacció anti-herètica de l'Església, dels poders laics i, fins i tot, del poble; a Soissons, una multitud assaltà la presó on hi estaven tancats uns pagesos, sospitosos d'heretgia, per linxar-los, igual com va passar a Colònia el 1114, on, anys més tard, el 1163, els magistrats de la ciutat enviaren a la foguera uns heretges que els havia lliurat el bisbe, i a Vézelay (Borgonya), el 1167, el poble demanà el suplici de la foguera per a uns heretges presoners de l'abat. Aquest fracàs de l'heretgia al nord de la Gàl·lia resultà d'un ferm adoctrinament catòlic per part dels clergues locals, molt ben formats en el coneixement de la teologia, la moral i les Escriptures a les prestigioses escoles catedralícies de Chartres, Laon, Reims, Autun, Orleans i Paris, mentre que al Llenguadoc, no hi havia cap centre d'estudis que s'hi pogués comparar. Per altra banda, a l'àrea septentrional, hi hagué una indestructible solidaritat entre els poders laics i l'Església; així, Lluís VIII de França ajudà el seu germà l'arquebisbe de Reims en la lluita contra els heretges de la seva arxidiòcesi, com també, el comte de Flandes va perseguir els càtars dels seus dominis. Davant d'aquesta situació, molts càtars francesos, flamencs o renans emigraren al Llenguadoc i a Llombardia, on l'Església dels Bons Cristians hi podia actuar amb llibertat, perquè, les circumstàncies polítiques i eclesiàstiques del moment hi impediren l'actuació dels mecanismes socials que a l'Île-de-France, Renània, Borgonya i Flandes hi havien avortat l'arrelament de l'heretgia[15].

Al Llenguadoc, el catarisme va manifestar-se sobretot a les regions de Tolosa, Carcassona i Albí; a la ruralia, més que no pas a les ciutats; el bisbe càtar de Tolosa, en realitat, residia a Lavaur, i el d'Albí a Lombers; també va haver-hi bisbat càtar a Carcassona, mentre que a Besiers, la presència càtara fou minoritària, i a Narbona i Montpeller, els mateixos escriptors catòlics reconeixien que no hi havia heretges. Des dels seus principals bastions —les àrees de Lombers i Lavaur, a la regió d'Albí, i el Lauragès, a prop de Carcassona— el catarisme s'expandí cap a la Garona mitjana i el Pirineu, fins arribar a Catalunya[16], on Jordi Ventura (1932-1999)[17] en trobà nuclis al Rosselló, a l'àrea nord-occidental des d'Urgell, on el vescomte Arnau de Castellbò fou càtar, fins a Berga i, dins de la Catalunya Nova, a Lleida i al Priorat; tot i així, al concili càtar de Pieusse —poble de l'actual departament de l'*Aude*—, celebrat el 1226[18], va nomenar-se Pere de Corona diaca per a Catalunya, sota l'autoritat del bisbe de Tolosa; per tant, malgrat la seva importància, no va haver-hi cap nucli càtar català amb prou volada com per constituir-se en bisbat.

Tenint en compte la divisió del territori francès en departaments, vigent avui dia, instituïda el 1790, en temps de la Revolució, per l'Assemblea Nacional, actualment, Lombers i Lavaur són pobles del departament del *Tarn*, que té com a capital Albí i com a sotsprefectura Castres, mentre que el Lauragès és una comarca repartida entre aquest departament i els de l'*Aude* —amb capital a Carcassona i sotsprefectures a Limós i

---

15   Labal, Paul: *Los cátaros, herejía y crisis social* pàgs 75-78
16   Ídem pàgs 119-125
17   Ventura, Jordi: "Càtars i catarisme a Catalunya" pàgs 13-23
18   Brenon, Anne: *El veritable rostre dels càtars* pàg 74

Narbona— i de l'*Haute-Garonne*, amb capital Tolosa i sotsprefectures a Saint-Gaudens i Muret; d'altra banda, la capital del departament de l'*Hérault* és Montpeller i les seus de les seves sotsprefectures són Besiers i Lodeva.

2.ESTRUCTURES ECLESIÀSTIQUES I POLÍTIQUES

A partir del pontificat de Gregori VII (1073-1085), es van impulsar tot un seguit de reformes en l'Església, inspirades per l'abadia de Cluny, que, a més d'afirmar el Papa com a màxima autoritat de l'Església i de tota la Cristiandat, van conduir a la separació entre clergues i laics, entre Déu i el Cèsar, el Papa i l'Emperador; laics i clergues havien de dedicar-se a les seves respectives tasques: els laics als afers del segle i els clergues als de l'Església. Al Llenguadoc, l'aplicació radical de la reforma gregoriana va fer que, a diferència d'altres regions, el nomenament de càrrecs eclesiàstics s'hi realitzés sense cap mena d'intervenció dels laics, tal com ho volia Gregori VII, però, d'altra banda, no havent-hi contactes entre els poders nobiliaris i els clericals, foren freqüents els conflictes entre les autoritats eclesiàstiques i els grans senyors: el comte Ramon VI de Tolosa va estar en pugna permanent amb els bisbes de Carpentràs, Vaison i Agen, com també amb els abats de Moissac, Montalbà i Sant Gil; Ramon Roger Trencavel, vescomte d'Albí, Besiers i Carcassona, s'enfrontà repetidament amb l'abat de La Grassa, a les Corberes, igual com el comte de Foix va entrar en conflicte amb l'abat de Pàmies; per altra banda, petits clans aristocràtics com ara els castellans de la regió de la Muntanya Negra —una serralada situada a l'extrem sud-occidental del Massís Central que separa els actuals departaments del *Tarn*, de l'*Hérault*, de l'*Aude* i de la *Haute-Garonne*— o del massís de les Corberes —situat al límit entre el Llenguadoc i Catalunya— disputaren a l'Església el control dels delmes de les parròquies dels seus dominis. En segon lloc, l'Església Catòlica no va disposar al Llenguadoc d'una organització eficaç; així, la diòcesi de Tolosa era un territori immens, on hauria calgut l'actuació d'equips actius de clergues, que el bisbe no va poder estructurar a conseqüència de la manca de mitjans, provocada perquè nobles laics havien acaparat els delmes de les parròquies, igual com l'atractiu de l'Església dels Bons Cristians entre les dones fou motivat, en gran part, per l'absència de monestirs, o convents, femenins a les diòcesis de Sant Bertran, Saint-Lizier, Agen, Carcassona o Tolosa; així, quan, en una família nombrosa, es decidia encomanar una filla a una institució religiosa per alimentar-la i l'educar-la, calia recórrer, gairebé sempre, als càtars, entre els quals, les dones podien accedir també a la categoria de clergues[19].

D'altra banda, el fet polític que condicionà la història del Llenguadoc durant el segle XII fou la disgregació del poder tolosà. Al comtat de Tolosa, que abastava tot el Llenguadoc des de la Garona fins al Roine i des de Rodés fins a la costa mediterrània, Ramon IV (1088-1096), comte de Tolosa, duc de Narbona i marquès de Provença, va tenir una cort perfectament estructurada[20] i, a les circumscripcions dels seus dominis, hi nomenava veguers i castellans, agents del seu poder monàrquic, mentre que, a la Gàl·lia del nord, l'autoritat de Felip I rei de França (1060-1108) no arribava gaire més enllà de les rodalies de París; per això, en la recerca d'un príncep capaç de dirigir la croada a Terra Santa, el papa Urbà II s'adreçà no pas al rei Felip I, sinó al comte Ramon IV. Fou, tanmateix, aquest fet l'inici de la disgregació de l'estat tolosà; el 1096, Ramon IV marxà cap a Palestina havent jurat de no tornar mai més a Tolosa, el govern de la qual deixà al seu fill Bertran de Sant Geli. El 1105, després de la mort de Ramon IV a Síria, Bertran també partí cap a Terra Santa, quedant Tolosa sota el domini del seu germanastre, menor d'edat, Alfons Jordà (1105-1148); entre 1114 i 1123, aquest jove comte hagué de combatre els atacs contra Tolosa del duc Guillem IX d'Aquitània, en un nou intent d'apoderar-se del comtat tolosà, després dels duts a terme el 1098 i el 1100, en temps de Bertran de Sant Geli. A conseqüència de tot aquest període de crisi i de desgovern, Alfons Jordà, arribat a la majoria d'edat, no va ser capaç d'imposar-se als clans aristocràtics i reconstituir el poder que havia tingut

---

19   LABAL, Paul:*Los cátaros:herejía y crisis social*. pàgs 119-125
20   Ídem pàgs 99-102

Ramon IV; finalment, el 1147 Alfons Jordà marxà també cap a Terra Santa, on hi havia nascut —el seu nom li venia d'haver estat batejat amb aigua del riu Jordà—, i va morir-hi el 1148. Aquesta fallida del domini comtal tolosà en el mateix moment que els comtes de Xampanya, els de Flandes, els d'Anjou, els de Barcelona i els reis de França van ser capaços d'estructurar poders monàrquics als seus dominis, va permetre al Llenguadoc l'aparició de nous clans aristocràtics amb els seus petits cercles de poder independents, com ara els Trencavel, vescomtes d'Albí i de Nimes, i, després també, de Carcassona, Besiers, Rasès i Agde o els vescomtes de Narbona i els de Montpeller que, malgrat els intents d'Alfons Jordà, aconseguiren de sostreure's al domini de Tolosa, com ho feren també d'altres famílies aristocràtiques de menys volada: els vescomtes de Millau, de Rodés, de Lautrec o de Menerva i els senyors d'Andusa; aquests nobles de dominis no gaire amplis van aconseguir conservar la seva autonomia gràcies al conflicte que, durant el segle xii, enfrontà les cases comtals de Tolosa i de Barcelona pel domini de Provença. Per tot això, al Llenguadoc, els qui aconseguiren bastir-hi una unitat administrativa i política no foren els poders autòctons, sinó els invasors francesos del segle xiii, nous amos del país després de les croades contra els càtars[21].

3.LA CASA COMTAL DE BARCELONA A OCCITÀNIA
3.1.ELS COMTATS DE CARCASSONA I RASÈS

El comte Ramon Berenguer I de Barcelona i la seva muller Almodis adquiriren els comtats de Carcassona i Rasès, comprant, entre 1067 i 1070, els drets de tots els altres possibles hereus del comte Ramon II de Rasès, mort el 1065 sense descendència ni col·laterals. Després, en el seu testament, Ramon Berenguer I deixà els comtats de Barcelona, Girona i Osona en cogovern als seus dos fills Ramon

---

21   Débax, Hélène: "Les feudalitats al Llenguadoc i a Catalunya. Algunes observacions sobre les divergències de l'evolució". Revista *L'Avenç* núm 202 pàgs 30-51

Berenguer II Cap d'Estopes i Berenguer Ramon II; ara bé, els comtats de Carcassona i Rasès només pertanyien a Cap d'Estopes.

A partir de la mort de Ramon Berenguer I (1076), l'administració dels dominis de la casa comtal de Barcelona es ressentí de les constants pugnes i enfrontaments entre els dos comtes cogovernants. El 5 de desembre de 1082, Ramon Berenguer II fou assassinat i les sospites recaigueren sobre el seu germà; el 1083, la seva vídua, Mafalda de Calàbria, mare de Ramon Berenguer III nascut poc abans de la mort del seu pare, havia acordat amb el vescomte Bernat Ató de Besiers que aquest retindria la possessió del comtat de Carcassona, sostraient-lo així al domini del presumpte fratricida Berenguer Ramon II, fins que l'hereu de Cap d'Estopes fos major d'edat. Ara bé, el 1096, Ramon Berenguer III va reclamar els seus drets sobre Carcassona, i Bernat Ató no va retre-li el comtat. Onze anys més tard, el 1107, una nova reclamació de Carcassona pel comte de Barcelona va provocar una revolta contra Roger, al govern del comtat mentre el seu pare, Bernat Ató, era a Terra Santa; tanmateix, arran dels atacs musulmans contra el Penedès, Ramon Berenguer III no va poder ajudar els revoltats, i, després d'un setge dirigit per Bertran de Sant Geli i pel vescomte Bernat Ató, retornat de Terra Santa, Carcassona va haver de retre's i patir la forta repressió de Roger Ató, arran de la qual, molts carcassonencs emigraren cap a Catalunya.

3.2. L'ADQUISICIÓ DE PROVENÇA I EL CONFLICTE AMB TOLOSA

Per tal de defensar-se dels projectes expansionistes del comte de Tolosa, titulat marquès de Provença, la comtessa Gerberga de Provença havia confiat en la protecció del seu marit Gilbert, vescomte de Millau, Gavaldà i del Carlat; a la mort de Gilbert (1110), tenint com a hereves només dues filles petites —Dolça i Estevaneta—, Gerberga va decidir pactar el matrimoni de Dolça amb Ramon Berenguer III. A Occitània, el casal barceloní comptava amb el suport del vescomte Eimeric II de Narbona, germanastre de Ramon Berenguer III, dels Forcalquier, descendents de Guillem, germanastre del comte Ermengol V d'Urgell, i d'Oleguer, abat de Sant

Rulf d'Avinyó, futur bisbe de Barcelona i arquebisbe de Tarragona. Dos dies abans del matrimoni entre Dolça i Ramon Berenguer III, celebrat el 3 de febrer de 1112, Gerberga donà a la seva filla tots els seus dominis, tant els propis com els del seu marit; un any més tard, Dolça cedí el seu patrimoni a Ramon Berenguer III, el qual, així, aconseguí el domini sobre tots els territoris dels seus sogres: Provença, Millau, Gavaldà i el Carladès.

Després d'haver-se casat amb Dolça, Ramon Berenguer III va veure reforçada la seva posició per intentar recuperar Carcassona, i encara més arran de l'aliança amb Eimeric II de Narbona contra Bernat Ató; tanmateix, l'arquebisbe de Narbona, parent de Dolça de Provença, però també aliat de Bernat Ató, va impedir la batalla entre els dos exèrcits i imposà un conveni entre el comte de Barcelona i el vescomte de Besiers pel qual, Bernat Ató reconeixia posseir Carcassona i dotze castells de l'Albigès, Tolosà, Nimes i Agde en feu de Ramon Berenguer III, i, així, es legalitzava una situació *de facto* força arrelada: el 1067, Ramon Berenguer I i Almodis havien hagut de pactar amb els vescomtes de Carcassona, la posició dels quals es consolidà durant el període de crisi dinàstica, iniciat amb la mort de Cap d'Estopes (1082) i clos amb l'arribada a la majoria d'edat de Ramon Berenguer III (1096). Al comtat de Rasès, la situació de la nissaga barcelonina hi era força més precària perquè Bernat Ató havia concedit Rasès en feu al rei d'Aragó Alfons el Bataller, per la qual cosa, Ramon Berenguer III només podia aspirar a recuperar el comtat si el monarca aragonès moria sense fills.

El 1120, Bernat Ató, fugit de Carcassona arran d'una revolta pro-barcelonina, va aliar-se amb Alfons Jordà; en resposta, Ramon Berenguer III arribà a una entesa amb el duc Guillem IX d'Aquitània, desitjós aleshores d'apoderar-se de Tolosa; Eimeric II de Narbona es decantà per Ramon Berenguer III, mentre que l'arquebisbe de Narbona i el comte Roger III de Foix feren causa comuna amb Alfons Jordà i Bernat Ató; el 1124, el vescomte de Besiers va aconseguir recuperar Carcassona, aprofitant que el comte de Barcelona no podia actuar a causa de la lluita contra Tolosa i de la pressió aragonesa sobre el territori àrab de Lleida. Fracassat també l'intent del duc d'Aquitània de prendre Tolosa, el 1125 s'arribà a un acord de pau entre Alfons Jordà i Ramon Berenguer III, on s'hi confirmava la partició de Provença establerta, de fet, el 1112: la Provença continental —el marquesat— quedà per al comte de Tolosa; la Provença marítima—el comtat—, per a Ramon Berenguer III; mentre que als Forcalquier, se'ls reconeixia el domini de l'Alta Provença.

Molt poc abans de la seva mort, esdevinguda el 19 de juliol de 1131, Ramon Berenguer III va atorgar el seu testament; el seu primogènit, Ramon Berenguer IV (1131-1162), heretava els comtats de Barcelona, Girona, Osona, Besalú, Cerdanya, Tarragona, Manresa, Carcassona i Rasès, com també els drets sobre l'arquebisbat de Tarragona i els bisbats de Barcelona, Girona i Vic, a més de la vila i batllia de Peralada; mentre que Provença, Gavaldà, Carlat i els honors de Rodés eren per al seu fill segon, Berenguer Ramon I (1131-1144). Separant els territoris adquirits pel matrimoni amb Dolça de Provença (1112) de l'herència del primogènit, Ramon Berenguer III aconseguia crear un domini per al seu fill Berenguer Ramon sense, però, anul·lar la influència del Casal de Barcelona a Occitània ja que el comte de Provença, cas d'haver-se d'enfrontar a Tolosa, podria comptar amb el suport del seu germà qui, per la seva banda, posseint Carcassona i Rasès, estava abocat a ser rival de la família de Bernat Ató de Besiers, aliada del casal tolosà.

3.3. RAMON BERENGUER III DE PROVENÇA

Ramon Berenguer IV de Barcelona va ajudar el seu germà Berenguer Ramon I de Provença contra els tradicionals enemics: Alfons Jordà de Tolosa, la casa de Baus, nissaga provençal contrària a la dinastia barcelonina, i l'emperador romano-germànic Conrad III (1138-1152), el qual, considerant-se senyor eminent de Provença, havia concedit aquest comtat a Ramon de Baus. El 1143, Alfons Jordà va aconseguir vertebrar una coalició amb Pisa i Gènova contra el Casal de Barcelona, i en una acció de la flota genovesa a Mauguio, va morir-hi Berenguer Ramon I de Provença (1144). Llavors, com que el seu fill, Ramon Berenguer

III (1144-1166)[22], era menor d'edat, Ramon Berenguer IV hagué d'assumir, com a tutor del seu nebot, el govern de Provença, on, el 1147, després d'haver reduït la noblesa provençal rebel, vencé i féu captiu Ramon de Baus; tot i així, el 1150, 1155 i 1162, Ramon Berenguer IV va haver de sufocar a Provença noves revoltes de la Casa de Baus.

En terres occitanes, el comte de Barcelona va aconseguir eixamplar el seu cercle d'influència, obtenint la fidelitat de Ramon Trencavel, vescomte d'Albí, Carcassona, Rasès i Besiers, del senyor de Montpeller Guillem VI, a qui Ramon Berenguer IV havia ajudat el 1143 contra una revolta dels seus súbdits, i dels senyors de Narbona; a més, va poder exercir la tutela sobre el vescomte Gastó V de Bearn, menor d'edat, que va criar-se a Barcelona. D'altra banda, per assestar un cop definitiu a Tolosa, el 1159, Ramon Berenguer IV, juntament amb Ramon Trencavel i Guillem VII de Montpeller, va entrar en la coalició del rei Enric II d'Anglaterra, marit de la duquessa Elionor d'Aquitània, contra Ramon V de Tolosa (1148-1194), fill i successor d'Alfons Jordà. que només va poder alçar el setge de Tolosa gràcies a l'ajuda de Lluís VII de França.

Ramon Berenguer IV va aconseguir consolidar la posició del Casal de Barcelona a Provença arribant a una entesa amb l'emperador romano-germànic Frederic I Barba-roja (1152-1190). L'Imperi, ultra haver sostingut les pretensions provençals de la Casa de Baus, havia subscrit una aliança amb Gènova per atacar Mallorca i València, territoris àrabs situats en l'àrea d'expansió catalana; ara bé, Frederic I necessitava aliats a causa de la seva intervenció a la Santa Seu, on a la mort del papa Adrià IV (1159), havia reconegut com a nou pontífex Víctor IV (1159-1164), mentre que el col·legi cardenalici havia elegit Alexandre III

---

22   La numeració ordinal dels comtes de Provença pertanyents al Casal de Barcelona és la següent: Ramon Berenguer I —III de Barcelona— (1113-1131), Berenguer Ramon I (1131-1144), Ramon Berenguer II —IV de Barcelona— (1144-1162), Ramon Berenguer III (1144-1166), Alfons I el Cast —II d'Aragó i I de Catalunya— (1166-1196), Ramon Berengué IV (1178-1181), Sanç I (1181-1185), Alfons II (1185-1209) i Ramon Berenguer V (1209-1245).

(1159-1181); per això, a canvi de pactar el matrimoni de Riquilda de Polònia, neboda de l'emperador i vídua d'Alfons VII de Castella, amb Ramon Berenguer III, de comprometre's a reconèixer el papa Víctor IV i d'admetre el vassallatge del Casal barceloní envers l'Imperi per la possessió de Provença i Arles, Ramon Berenguer IV va aconseguir que l'emperador, a més de prometre eliminar els enemics de la dinastia barcelonina, és a dir, la casa de Baus, convidés el comte de Barcelona i el de Provença a l'assemblea imperial a celebrar a Torí l'agost de 1162. Tanmateix, de viatge cap a Itàlia, Ramon Berenguer IV va morir al Piemont el dia 6 d'agost de 1162, i, a l'assemblea de Torí, només va acudir-hi Ramon Berenguer III qui, a canvi d'un document de vassallatge, obtingué de l'emperador la investidura de Provença.

3.4. ALFONS EL CAST

A la mort de Ramon Berenguer IV, el seu fill i successor, Alfons el Cast, rei d'Aragó i comte de Barcelona (1162-1196), era menor d'edat i, per això, va haver de constituir-se una regència. El 1166, Ramon Berenguer III de Provença va morir en el setge de la ciutat rebel de Niça, deixant només una filla, Dolça; al·legant la manca de descendència masculina, la regència catalano-aragonesa va obtenir que el comtat de Provença passés a Alfons el Cast, cosí germà de Ramon Berenguer III. Per conservar-lo, fou necessari vèncer els alçaments atiats a la Camarga i a Argença pels partidaris de Ramon V de Tolosa, els quals dominaven la plaça forta d'Albaron, recuperada per la facció barcelonina amb l'ajuda de la flota genovesa; el 1167, comptant amb el suport dels senyors de Montpeller, de l'episcopat provençal i de la casa de Baus, que havia abandonat la seva anterior política anti-barcelonina, els regents catalano-aragonesos van poder considerar consolidat el domini sobre Provença. Malgrat tot, el casal tolosà va continuar actuant en terres provençals fins que, el 1176, Alfons el Cast concertà la pau de Tarascó amb Ramon V, on, a canvi del pagament de trenta mil marcs d'argent, el comte de Tolosa renunciava a les seves pretensions sobre Provença, Gavaldà i el Carladès. Aquesta pau resultà de l'enfortiment a Occitània de la posició d'Alfons el Cast, el qual, entre 1168 i 1173, aprofitant el conflicte de Ramon V amb Enric II d'Anglaterra, va aconseguir el vassallatge de molts senyors occitans, gràcies a la seva condició d'aliat d'Enric II.

Signada la pau de Tarascó, Alfons el Cast va poder dedicar-se a sufocar una nova revolta a Niça, i imposar-se a la part oriental de Provença. Tanmateix, comprenent que Provença era una regió allunyada d'Aragó i Catalunya i, a més, envoltada de possessions del comte de Tolosa o de senyors de lleialtat dubtosa, va encomanar-ne el govern al seu germà Ramon Berenguer, concedint-li el títol de comte de Provença, sense però renunciar als seus drets, ja que Ramon Berenguer IV de Provença (1178-1181) regia el comtat només com a delegat —o "virrei"— del seu germà. Un cop assegurades les seves posicions a Occitània, Alfons el Cast va prendre la decisió d'anul·lar el vassallatge de Provença envers l'emperador Frederic Barba-roja admès, el 1162, per Ramon Berenguer III a l'assemblea imperial de Torí; així, el 1178, a l'acte de coronació, celebrat a Sant Tròfim d'Arles, de Frederic Barba-roja com a rei de Borgonya, hi assistí Ramon V de Tolosa, però no pas ni Alfons el Cast ni Ramon Berenguer IV de Provença; per altra banda, en la crisi de la Santa Seu, Alfons el Cast va donar suport inequívoc al papa Alexandre III (1159-1181) en detriment dels antipapes de la facció imperial.

El 1181, la posició del Casal de Barcelona a Occitània esdevingué crítica; per tal d'evitar que, en aplicació de les disposicions del III Concili Laterà de 1179 sobre confiscació dels béns dels adeptes de l'Església dels Bons Cristians, Ramon V els desposseís dels seus dominis, Bernat Ató de Nimes i Roger Trencavel es feren vassalls d'Alfons el Cast; ara bé, el comte de Tolosa envaí les terres del vescomte de Narbona i, el 1181, a prop de Montpeller, féu assassinar Ramon Berenguer IV de Provença. Alfons el Cast nomenà comte de Provença el seu germà Sanç, però hagué de destituir-lo el 1185 per haver fet tractes il·lícits amb Tolosa i amb Gènova. Tanmateix, la situació féu un tomb favorable als interessos d'Alfons el Cast; per una banda, el 1189, partiren cap a la croada de Terra Santa Frederic Barba-roja, el rei Ricard Cor de Lleó, fill i successor d'Enric II, que, trencant la política del seu pare, s'havia aliat amb el comte de Tolosa, i el rei Felip II August de França, que a Occitània, igual com el seu pare Lluís VII, es mostrà sempre favorable al casal tolosà; per altra banda, Ramon V no va poder vèncer la revolta comunal de Tolosa, que convertí la ciutat en una república municipal governada per cònsols. Llavors, Alfons el Cast va poder concertar amb Ramon V una pau en els mateixos termes de 1176 i, doncs, consolidar a Occitània un domini des de Niça fins a l'Atlàntic, amb possessions pròpies —Provença, Millau, Gavaldà i Roerga—, drets de vassallatge sobre els marquesos de Busca, al Piemont, i els vescomtes de Montpeller; així com el reconeixement per part dels comtes de Rasès, els de Carlat, els de Foix, els de Bigorra i pels vescomtes de Nimes, els de Besiers, Carcassona i Bearn, de tenir els seus dominis en feu del rei d'Aragó i Catalunya. El 1192, després del retorn de la croada, Ricard Cor de Lleó s'alià amb Ramon V contra Alfons el Cast, entès amb el comte de Foix; el rei català, per la seva banda, aconseguí enfortir les seves posicions al Llenguadoc, el 1193, concertant el matrimoni del seu fill Alfons amb Garsensa, filla de Guillem VI de Forcalquier, antic aliat de Ramon V; la pau de 1195, concertada entre Alfons el Cast i Ramon VI de Tolosa (1194-1222), fill i successor de Ramon V, posà fi a aquest conflicte sense alterar gens la correlació de forces entre els poders constituïts a Occitània.

En el seu testament, donat a Perpinyà el desembre de 1194, Alfons el Cast disposà que, a la seva mort, esdevinguda l'abril de 1196, els regnes havien de repartir-se entre els seus dos fills: Pere el Catòlic, rei d'Aragó i comte de Barcelona (1196-1213), i Alfons II, comte de Provença, Millau i Gavaldà (1196-1209).

4.LA CROADA CONTRA ELS CÀTARS
4.1.INNOCENCI III

Els objectius de domini del Papa sobre tots els poders de la Cristiandat que, en el seu moment, havia tingut Gregori VII, va aconseguir realitzar-los Innocenci III (1198-1216); durant el seu pontificat, la Santa Seu va esdevenir la més poderosa de les monarquies europees ja que recaptava a tot arreu de la Cristiandat els cànons que li garantien importants recursos financers[23].

El 1197, havia mort Enric VI, emperador del Sacre Imperi i rei de Sicília, deixant com a hereu el seu fill Frederic, de només tres anys; el nen fou reconegut com a rei de Sicília però a Alemanya proclamaren rei Felip de Suàbia, germà d'Enric VI; pocs mesos després, però, una àmplia facció de nobles alemanys elegí Otó IV; la guerra civil que se'n seguí va acabar-se el 1208 arran de l'assassinat de Felip. El 21 d'octubre del 1209, a Roma, Innocenci III va coronar emperador Otó IV, a qui sempre havia donat suport com a manera d'evitar la unió de Sicília a l'Imperi; tanmateix, Otó IV aviat va mostrar intencions d'afirmar l'autoritat imperial a Itàlia, d'apoderar-se de Sicília i, sobretot, de revocar les concessions de l'Imperi a la Santa Seu establertes al Concordat de Worms (1122); llavors, Innocenci III passà a donar suport a Frederic de Sicília, el fill d'Enric VI, el qual, a Alemanya, va obtenir la fidelitat de la majoria dels prínceps. El 1215, Otó IV va ser obligat a abdicar, i el regne fou per a Frederic, a qui, el 1220, el papa Honori III (1216-1227) coronà emperador.

Entre 1205 i 1213, Joan Sense Terra, duc de Normandia i rei d'Anglaterra, va estar enfrontat amb la Santa Seu per la qüestió del dret del rei a intervenir en el nomenament de l'arquebisbe de Canterbury; el gener del 1213, Innocenci III encarregà a Felip II August d'apoderar-se d'Anglaterra i desposseir-ne Joan, excomunicat pel Papa el 1209; davant d'aquesta situació, el maig de 1213, Joan va cedir i es declarà vassall de la Santa Seu. D'altra banda, Innocenci III també va excomunicar el rei Sverre de Noruega.

Els musulmans derrotaren Alfons VIII de Castella a la batalla d'Alarcos (1195) i, el 1196 i 1197, menaren expedicions contra Toledo, la qual, des de la seva conquesta als àrabs per Alfons VI el 1085, havia quedat com una terra de ningú entre

---

23   WICKHAM, Chris: *Europa en la Edad Media: una nueva interpretación*; traducción castellana de Tomás Fernández Aúz y Beatriz Eguibar Barcelona: Editorial Planeta; 2017 (Serie Mayor) pàgs 234-235

cristians i musulmans, sotmesa a continus atacs i contraatacs, sobretot arran de la victòria sarraïna d'Alarcos; davant d'un nou atac, el 1211, Rodrigo Ximénez de Rada, arquebisbe de Toledo, va acudir a Roma i, a petició seva, Innocenci III va predicar la croada instant tots els reis peninsulars a ajudar Alfons VIII contra els sarraïns; així, va formar-se un contingent cristià, integrat per combatents peninsulars i ultra-pirinencs, que dirigit per Alfons VIII, Sanç VII de Navarra i Pere el Catòlic —Alfons IX de Lleó i Alfons II de Portugal havien desoït la crida pontifícia—, vencé els musulmans a Las Navas de Tolosa, a prop de Jaén, el 16 de juliol de 1212.

4.2.LA REACCIÓ CATÒLICA CONTRA EL CATARISME

El 1177, Ramon V de Tolosa, del tot fidel al catolicisme, escrigué al capítol del Císter demanant ajuda per combatre l'heretgia als seus dominis, cosa que ell es veia incapaç de fer. Aquesta impotència resulta comprensible; entre finals del segle XII i principis del XIII, al comtat de Tolosa, hi existien vescomtats independents —Nimes, Agde, Montpeller i Narbona—, com també escapaven al poder del comte dominis de bisbes i abats; a més, algunes ciutats havien aconseguit constituir-se en règim comunal, és a dir, en autogovern municipal al marge de qualsevol altre tipus d'autoritat: Tolosa, Montalbà, Sant Antoní, Gaillac, Muret, Carcassona, Montpeller, Narbona i Nimes, els governs de les quals, per marcar la seva independència respecte dels senyors i de l'Església, protegien tots els seus habitants, encara que poguessin ser heretges. Aquesta carta va dur a la missió en terres llenguadocianes del legat papal Pere de Pavia i de l'abat de Claravall, Enric de Marcy, sense cap resultat tangible; per això, al III Concili de Letrà (1179), potser a instigació del mateix Enric de Marcy, els pares conciliars començaren a considerar la possibilitat d'una expedició armada contra el país on les autoritats locals no perseguien els heretges. Aquesta idea pot deduir-se també del menyspreu de certs clergues francesos envers el Llenguadoc; Enric de Marcy el 1178 féu tots els possibles per evitar que el nomenessin bisbe de Tolosa, i el clergue Esteve de Tournai felicità el seu amic Joan Bellesmans perquè l'havien investit arquebisbe de Lió, i no de Narbona[24].

L'arrelament del catarisme no va significar pas al Llenguadoc la conversió massiva de la gent a la fe dualista, sinó la perpetuació d'una situació de coexistència de les dues esglésies cristianes rivals: la Catòlica i la dels Bons Cristians. Hi havia unes quantes persones identificades clarament amb una de les dues opcions religioses, mentre que la majoria de la gent mostrava, sense decantar-se mai en exclusiva per una de les dues esglésies, una actitud eclèctica, buscant només algú que els oferís un exemple de vida cristiana, d'acord amb les seves exigències espirituals, insatisfetes sovint per l'Església Catòlica, allunyada dels ideals evangèlics a causa de la seva riquesa i poder, i representada, sovint, per uns sacerdots ignorants, ineptes i dissoluts, incapaços, gairebé sempre, de rebatre els arguments dels predicadors càtars, els quals, a més d'estar dotats d'una bona formació teològica, per la seva pobresa material, donaven exemple de vida evangèlica. Per això, l'Església dels Bons Cristians va poder funcionar amb total llibertat, i els seus adeptes podien integrar-se, sense cap problema, a la societat, tal com es desprèn de les actes del concili catòlic de Tours (1163), on es condemnà els qui acollissin heretges a les seves terres o hi tinguessin relacions comercials.

La cohabitació, en peu d'igualtat, de dues esglésies cristianes va esdevenir normal al Llenguadoc; ara bé, els poders polítics i eclesiàstics d'altres llocs, en especial la Santa Seu, la jutjaren infame i intolerable, pel que significava d'haver-hi un país cristià on l'heretgia no hi era condemnada i perseguida, tal com s'havia fet a França, Renània, Flandes o Catalunya, on, el 1198 a Girona, Pere el Catòlic hi havia decretat mesures contra els heretges. Evidenciant la seva desconfiança envers les autoritats locals del Llenguadoc, laiques o eclesiàstiques, Innocenci III, que el 1199 havia assimilat l'heretgia al crim de lesa majestat i, per tant, l'heretge havia de ser condemnat a la confiscació dels seus béns com també a ser exclòs de les funcions públiques i desheretat, envià, a la tardor de 1203, cap al país infestat per l'heretgia càtara, dos germans

---

24   LABAL, Paul: *Los cátaros: herejía y crisis social.* pàgs: 131-134

cistercencs de l'abadia narbonesa de Fontfreda: Raül de Fontfreda i Pere de Castelnau, com a legats plenipotenciaris; aquests legats cistercencs als quals, el 1204, s'hi afegí Arnau d'Amaurí, abat del Císter i parent dels vescomtes de Narbona, depuraren l'alt clero local destituint els bisbes Guillem de Besiers i Ramon Rabastens de Tolosa, simoníac i amb massa relacions amb els medis càtars, i conferiren la seu de Besiers a l'abat Ermengol de Sant Ponç, i la de Tolosa, a Folquet de Marsella, monjo de l'abadia cistercenca de Thoronet. Tot i així, no aconseguiren cap conversió d'heretges, ni tan sols després d'haver participat en el col·loqui entre sacerdots catòlics i predicadors càtars, presidit a Besiers el 1204 per Pere el Catòlic; a més, el legats no reeixiren tampoc a implicar els poders llenguadocians en la repressió de l'heretgia.

A la primavera de 1206, a Montpeller, el legats papals, decebuts pel fracàs de la seva missió, es trobaren dos clergues castellans: Dídac, bisbe d'Osma, i el vice-prior d'aquesta seu, Domènec Guzmán, la idea dels quals fou lluitar contra els càtars no pas mitjançant la reforma de l'Església, tal com pretenien els cistercencs, sinó predicant des de l'exemple de la pobresa. Dídac i Domènec recorregueren les zones on el dualisme hi era més fort, seguint els mètodes d'actuació dels predicadors càtars i valdesos, ço és, prescindint de luxes i comoditats i vivint pobrament, buscant sempre la polèmica amb dirigents de l'Església dels Bons Cristians com ara els diaques Ponç Jordà i Arnau Arrufat, o Guislabert de Castres, bisbe de Tolosa; els èxits de Dídac i Domènec es limitaren, però, a certes conversions puntuals. Eradicar el catarisme, tal com es proposaven aquests predicadors castellans, era impossible mentre l'Església dels Bons Cristians pogués actuar amb llibertat, difonent la seva doctrina, amb la qual cosa, contrarestava l'evangelització catòlica i impedia, doncs, una conversió massiva dels heretges. Arran d'aquesta constatació, al mateix temps que els cistercencs desenvolupaven la seva missió, Innocenci III va començar a fer gestions per predicar la Croada contra el Llenguadoc.

El 1200, s'acordà el matrimoni entre Ramon VI de Tolosa i Elionor d'Aragó, germana de Pere el Catòlic. La possibilitat, cada cop més real, que Innocenci III acabés predicant una croada contra el Llenguadoc va provocar un important canvi polític: l'aliança de les cases comtals de Barcelona i de Tolosa, enemigues durant tot el segle XII a conseqüència de les disputes pel domini de Provença. El 1204, poc després de la primera crida del Papa a Felip II August de França per dirigir una croada contra els càtars, desestimada pel monarca francès, urgit més pel conflicte amb Joan Sense Terra, Pere el Catòlic acudí a Roma, on Innocenci III el coronà solemnement; el rei d'Aragó i Catalunya esdevenia, així, vassall de la Santa Seu, a la qual es comprometia a pagar un tribut, i d'aquesta manera, podia esperar protegir els seus dominis de l'atac d'una possible croada. Per la seva banda, el Papa, recelós de l'actitud del rei català envers els prínceps llenguadocians sospitosos de tolerar l'heretgia —o, fins i tot, de practicar-la—, no va voler conferir-li mai el comandament de la croada, sinó, únicament, assegurar-se que no s'hi oposés. Segurament per guanyar-se el favor papal, Pere el Catòlic i el seu germà Alfons II de Provença prengueren mesures contra els càtars provençals.

Al mateix temps que Innocenci III renovava les crides a la croada contra els heretges, adreçades ara no sols al rei de França, sinó també al duc de Borgonya i als comtes de Nevers, de Bar i de Dreux, entre d'altres, el legat papal Pere de Castelnau va dictar sentència d'excomunió contra Ramon VI, ja que el comte de Tolosa no havia acceptat els estatuts de pau, proposats pel legat, on s'obligava els barons llenguadocians a no admetre jueus a l'administració dels seus dominis, a retornar els béns espoliats a l'Església, i, sobretot, a perseguir els heretges. Arran de l'excomunió, Ramon VI va tenir el gener de 1208 una entrevista amb Pere de Castelnau a Sant Geli, força tempestuosa i conflictiva, de la qual no va sortir cap acord. En aquesta situació tan tensa, l'assassinat del legat papal el 14 de gener de 1208, dut a terme per un escuder del comte de Tolosa, que, segons sembla ser, no actuà pas per ordre del seu senyor, va fer decidir Innocenci III, malgrat tot, a predicar la croada, encomanant-ne la direcció a Felip II August de França, qui, però, declinà de participar-hi, tot i permetre als seus barons d'unir-s'hi.

4.4. L'EXPEDICIÓ DEL 1209

Els exèrcits croats, formats per barons francesos sota la direcció del legat papal Arnau d'Amaurí, arribaren a la rodalia de Lió a la primavera de 1209. Per evitar un atac contra els seus dominis, Ramon VI acudí a Valence, va manifestar-hi la seva obediència als legats papals, acceptant de sotmetre's a una cerimònia de penitència pública, celebrada a Sant Geli, i es féu croat. L'avenç de les forces croades va provocar una situació de guerra civil al Llenguadoc; arran dels contenciosos amb el seu nebot, Ramon Roger Trencavel, Ramon VI dirigí l'exèrcit croat cap als dominis dels Trencavel, juntament amb d'altres senyors occitans com ara el comte de Valentinès, el d'Alvèrnia, el vescomte d'Andusa i els bisbes de Bordeus, Bazas, Cahors i Agen; d'altra banda, a Tolosa es produí un fort conflicte social entre la companyia blanca, creada pel bisbe Folquet per lluitar contra els usurers i els heretges, i la companyia negra, bastida al burg de Sant Serní; el bisbe va guanyar-se l'adhesió dels sectors populars enfrontats als rics, molts dels quals eren càtars.

El juliol de 1209, els croats assetjaren Besiers, ciutat abandonada pel vescomte Trencavel, retirat a Carcassona, i pel bisbe, que intentà negociar amb els assetjadors. Els dirigents ciutadans decidiren resistir, amb la creença que així podrien aconseguir un règim comunal, com el vigent a Tolosa des de 1189. Els croats prengueren Besiers i hi perpetraren una matança general, fins i tot entre els catòlics; quinze anys després, el record d'aquests fets inspirà el cronista cistercenc Cesari d'Heisterbach de posar en boca del legat papal Arnau d'Amaurí, en el moment d'ordenar l'entrada a Besiers, la frase "Mateu-los a tots, i Déu, després, ja sabrà conèixer els seus". La massacre de Besiers, que, segons el cronista de l'època Guillem de Tudela[25], obeïa a un pla preconcebut dels croats d'exterminar els

---

25   Ídem pàg 157

habitants de les viles fortificades que se'ls resistissin, induí les altres ciutats a rendir-se sense combatre, excepte Carcassona, la qual, assetjada, va haver de rendir-se per falta d'aigua. Llavors, els croats, tal com ho havien negociat amb Pere el Catòlic, no massacraren la població, sinó que l'obligaren a abandonar la ciutat.

4.5. SIMÓ DE MONTFORT

A Carcassona, va morir-hi Ramon Roger Trencavel, els dominis del qual, el legat pontifici va atorgar-los a Simó de Montfort, noble adherit a la croada qui, entre 1210 i 1211, va expugnar els bastions càtars de Bram, Minerva, Termes, Cabaret i Lavaur, aquest darrer, amb l'ajuda de la companyia blanca del bisbe Folquet de Tolosa; així, es va començar a actuar contra els càtars, condemnant-los a morir a la foguera.

La matança de Besiers i l'espoliació dels Trencavel per Simó de Montfort van crear entre els poders llenguadocians un sentiment de rebuig a la croada; el 1209, poc després de la caiguda de Carcassona, Ramon VI i els cònsols de Tolosa van negar-se a lliurar a Arnau d'Amaurí els càtars refugiats a la ciutat; llavors, el legat va pronunciar una nova sentència d'excomunió contra el comte i va llençar un interdicte contra la ciutat de Tolosa. Per tal de conjurar l'amenaça que la croada anti-càtara comportava contra tots els poders llenguadocians, Ramon VI, després d'haver-se entrevistat amb Otó IV, Felip II August i Pere el Catòlic, va intentar obtenir d'Innocenci III unes millors condicions de reconciliació. El Papa va accedir a resoldre el problema religiós i polític del catarisme en un concili llenguadocià; tanmateix, a les reunions conciliars de Sant Geli (juliol de 1210) i Montpeller (febrer de 1211), Arnau d'Amaurí va impedir la reconciliació imposant al comte de Tolosa unes condicions molt dures, com ara expulsar els cavallers de la ciutat, i haver de partir cap a Terra Santa. Després del concili de Montpeller, i amb el suport de tots els poders llenguadocians —prínceps, senyors castrals o comunes urbanes— amenaçats per la croada, Ramon VI se'n tornà a Tolosa i va expulsar-ne el bisbe Folquet.

Simó de Montfort va assetjar Tolosa el juny de 1211, però va haver de retirar-se davant de la resistència de la ciutat. Per poder enfrontar-s'hi, els poders llenguadocians necessitaven un aliat poderós i d'ortodòxia catòlica indubtable, per tal d'evitar que Simó, vist com un ocupant estranger, pogués respondre demanant la prèdica d'una nova croada; així doncs, Ramon VI, els cònsols de Tolosa, el comte de Foix i el de Comminges s'adreçaren a Pere el Catòlic, vassall de la Santa Seu per la seva coronació a Roma el 1204 i un dels artífexs de la victòria cristiana contra els musulmans a Las Navas de Tolosa, el juliol de 1212. En el conflicte polític i religiós llenguadocià, Pere el Catòlic, mai favorable ni tolerant envers els càtars, va intervenir-hi per defensar els seus vassalls de la rapinya de Simó de Montfort, i mirant de trobar mesures de reconciliació; així, el 1211, va ocupar el castell de Foix amb la promesa de lliurar-lo a Simó, només si es demostrava que el comte fos hostil a l'Església. A principis de 1213, Innocenci III, rebuda la queixa de Pere el Catòlic contra Simó de Montfort per impedir la reconciliació, ordenà a Arnau d'Amaurí, esdevingut arquebisbe de Narbona, negociar amb el rei d'Aragó i iniciar la pacificació del Llenguadoc. Tanmateix, al sínode de Lavaur, al qual hi acudí Pere el Catòlic, Simó de Montfort va rebutjar la conciliació i es pronuncià per la deposició del comte de Tolosa, malgrat l'actitud de Ramon VI, favorable a acceptar totes les condicions de la Santa Seu; en resposta, el rei català es declarà protector de tots els barons llenguadocians amenaçats i del municipi de Tolosa. Malgrat tot, potser perquè hi veia l'únic mitjà segur d'eradicar l'heretgia, Innocenci III es posà de banda de Simó de Montfort; així s'arribà a una situació d'enfrontament armat, resolt a la batalla de Muret, el 12 de setembre de 1213, en què Pere el Catòlic, defensor de Ramon VI i dels poders llenguadocians, hi fou vençut i mort per les tropes de Simó, qui acte seguit, va entrar a Tolosa, acompanyat del nou legat papal, Pere de Benevento, i del príncep Lluís, fill i hereu de Felip II August de França.

5.LA CONQUESTA FRANCESA DEL LLENGUADOC
5.1.RAMON VII DE TOLOSA

El 1216, a la cort de París, Simó de Montfort va retre homenatge al rei de França com a duc de Narbona, comte de Tolosa i vescomte de Besiers i Carcassona; fou, però, un domini efímer. El 1217, esclatà al Llenguadoc una revolta dirigida per Ramon el Jove, fill i hereu de Ramon VI, que culminà en la mort de Simó (1218) i en el retorn del comte a Tolosa. Semblava, doncs, que la derrota de Muret havia de ser només un fet episòdic, sense conseqüències en el desenvolupament futur del Llenguadoc; ara bé, el 1226, el papa Honori III dictà sentència d'excomunió contra Ramon VII de Tolosa (1222-1249) —Ramon el Jove—, i, a més, predicà una nova croada, dirigida ara per Lluís VIII de França (1223-1226), a favor del qual, Amalric, fill de Simó de Montfort, havia renunciat als seus dominis llenguadocians. Ramon VII va vèncer la croada, que acabà amb la mort de Lluís VIII a Montpensier (Alvèrnia) el 1226; tanmateix, veient la represa de la Casa de Tolosa com a causa del reviscolament del catarisme, palpable durant els anys vint del segle XIII, al concili de Montpeller (1224), els bisbes llen-guadocians s'havien manifestat del tot contraris al reconeixement per la Santa Seu de Ramon VII com a legítim comte de Tolosa.

Pere el Catòlic havia pactat el 1211 el matrimoni del seu fill Jaume, nascut a Montpeller el 1208, amb Amícia, filla de Simó de Montfort, a qui li va lliurar el petit infant, el qual, a partir d'aleshores, va criar-se a Carcassona sota la vigilància del cabdill croat. Després de la batalla de Muret, Simó de Montfort va voler retenir Jaume I malgrat les peticions dels nobles catalans i arago-nesos que els restituís el seu rei; finalment, però, com que Maria de Montpeller, mare de Jaume I, morta poc abans de Muret, ha-via disposat en el seu testament la custòdia dels seu fill pel Papa, Innocenci III exigí a Simó que els lliurés la criatura, cosa que va fer a Narbona el 1214 a mans del legat papal Pere de Benevento[26], qui, pocs mesos després, en nom d'Innocenci III, senyor d'Aragó

---

26   SOLDEVILA, Ferran: *Jaume I. Pere el Gran.* Barcelona, Ed. Vicens Vives, 1985 (4ª edició) (Biografies Catalanes, 5) pàgs 2-3.

i Catalunya arran de la infeudació d'aquests regnes a la Santa Seu el 1204 per Pere el Catòlic, convocà una Assemblea de Pau i Treva a Lleida, on hi participaren nobles catalans i aragonesos, en la qual encomanà al comte Sanç, germà d'Alfons el Cast, la tutela dels dos hereus dels dominis del Casal de Barcelona: el rei Jaume I d'Aragó i Catalunya i el comte Ramon Berenguer V (1209-1245), fill i successor d'Alfons II de Provença, tots dos menors d'edat. Sanç col·laborà en la revolta de Ramon el Jove el 1217; ara bé, la reacció d'Honori III, amenaçant d'excomunicar Jaume I i de predicar la croada contra els seus regnes, l'obligà a abandonar la regència (1218), la qual cosa va consolidar les posicions dels barons catalans i aragonesos partidaris d'acceptar la política papal a Occitània, i el 1226, no s'ajudà Ramon VII contra la croada dirigida per Lluís VIII de França.

El conflicte religiós i polític de la croada contra els càtars va resoldre's el 1229 amb la pau de Meaux-París per la qual es reconeixia Ramon VII com a comte de Tolosa; ara bé, als antics vescomtats de Ramon Roger Trencavel s'hi instituïren les senescalies de Bellcaire, Carcassona i Roerga que esdevingueren un instrument del poder monàrquic francès al Llenguadoc, i, sobretot, s'obligava Ramon VII a fer casar la seva única filla i hereva, Joana, amb Alfons de Poitiers, germà de Lluís IX de França (1226-1270), establint que si Joana moria sense descendents, Tolosa s'integraria al domini reial francès. Ramon VII —vidu— va intentar casar-se de nou per tal de tenir un descendent i evitar així l'aplicació de la pau de Meaux, però com que, arran de l'oposició de la Santa Seu, fracassà en tots els seus projectes matrimonials, quan va morir, del govern comtat de Tolosa va encarregar-se'n el seu gendre Alfons de Poitiers, el vertader fundador del centralisme francès[27].

De retorn de Tunis, on hi havien anat per acompanyar Lluís IX a la croada, Alfons i Joana van morir, tots dos, el 1271; com que no van tenir descendència, el seu comtat va incorporar-se al domini reial francès, el qual, aleshores, va crear la senescalia de Tolosa.

---

27   LABAL, Paul: *Los cátaros, herejía y crisis social* pàgs 213-214

Des que, cap a 1225, va començar a governar, Jaume I centrà la seva política en la conquesta de territoris a l'Islam —el 1229 va prendre Mallorca i, el 1238, València— mentre que a Occitània procurà de no enfrontar-se mai a la Santa Seu, per no arribar a trobar-se en la situació equívoca del seu pare a Muret: ser un rei cristià lluitant contra una croada; d'altra banda, en els afers occitans, el rei de França sempre comptava amb el suport papal, com a garant de l'extirpació de l'heretgia, la qual, malgrat la presa del castell de Montsegur (1244), refugi dels càtars perseguits, i de la mort a la foguera de molts d'ells, no pogué considerar-se eradicada d'Occitània fins a principis del segle xiv. Per això, a la mort de Ramon Berenguer V, Jaume I va permetre que Provença passés a Beatriu, filla del comte mort, casada amb Carles d'Anjou, germà de Lluís IX; s'estimà més, doncs, evitar un conflicte amb Lluís IX que no pas reclamar el domini sobre Provença que, com a parent masculí més proper a Ramon Berenguer V, podia correspondre-li, atès el precedent de 1166, en què, mort Ramon Berenguer III de Provença, deixant una filla, Dolça, el comtat havia passat al seu cosí germà Alfons el Cast, el mateix parentiu que hi havia entre Jaume I i Ramon Berenguer V.

L'abandó d'Occitània pel Casal de Barcelona quedà sancionat al Tractat de Corbeil (1258), amb la renúncia de Jaume I al domini sobre els territoris occitans, excepte el senyoriu de Montpeller, a favor de Lluís IX, qui, per la seva banda, declarava extingits els seus possibles drets sobre Catalunya, com a successor dels antics monarques carolingis. El Tractat de Corbeil va establir una frontera que, a part de delimitar els dominis de França i de la Corona d'Aragó, va marcar la separació entre Catalunya i el Llenguadoc, com també, en l'actualitat, és la línia divisòria entre els departaments de *Pyrénées-Orientales* —la Catalunya Nord— i de l'*Aude.* En el seu extrem més oriental, en l'arc que, al Rosselló, va de Talteüll a Salses, la delimitació del Tractat de Corbeil segueix el massís de les Corberes, el paisatge àrid i inhòspit del qual pot semblar una frontera natural que, a més, marca els límits dels dominis lingüístics històrics del català i de l'occità. Ara bé, la resta de l'immens talús, fins a la seva declinació al pic de Bugaraig —situat al poble de Bugarach (*Aude*)— separa la Fenolleda de dues comarques situades més al nord, també occitanes: el Rasès i el Perapertusès. El vescomtat de Fenolleda, situat a la banda francesa després de Corbeil, havia format part dels dominis de la casa comtal de Cerdanya, els quals, el 1118, va heretar el comte Ramon Berenguer III de Barcelona. D'altra banda, no hi ha cap mena de barrera geogràfica que aïlli la Fenolleda del Rosselló, com també es pot discutir si el dialecte històric d'alguns pobles de la Baixa Fenolleda —avui dia, en procés de substitució pel francès— era un català occitanitzat o bé un occità catalanitzat. Segons Joan Becat, tant la frontera del Tractat de Corbeil com els límits territorials del català i de l'occità "no segueixen cap muntanya, cap element geogràfic natural, al contrari, és un límit bastant aberrant". En certa manera, l'anomalia dels límits establerts a Corbeil va esmenar-la el 1790 l'Assemblea Nacional Francesa quan va decidir incloure la Fenolleda al departament de *Pyrénées-Orientales*, juntament amb les comarques de la Catalunya Nord[28].

Després que, el 1271, adquirissin el comtat de Tolosa, els reis de França passaren a dominar tota la Gàl·lia, de nord a sud, una situació inèdita des de la fi de l'Imperi carolingi, a les darreries del segle IX, i, com és lògic, aquest canvi geopolític, incidí en el futur desenvolupament de Catalunya. Mentre, durant els segles XII i XIII, sobretot després de la fallida del poder comtal tolosà arran de la marxa a Terra Santa de Ramon IV (1096), el Llenguadoc havia estat, igual com la Itàlia del Nord, una àrea sense cap poder monàrquic estructurat, configurada per un conjunt heterogeni de principats, dominis senyorials i repúbliques urbanes, no hi havia hagut, al nord del massís de les Corberes, cap potència territorial prou poderosa per amenaçar l'existència de Catalunya.

---

28   RAFANELL VALL-LLOSERA, August: *Notícies d'abans d'ahir: llengua i cultura catalanes al segle XX* Barcelona: A Contra Vent, 2011 (Abans d'ara; 22) pàgs 114-116

MITES I LLEGENDES SOBRE ELS CÀTARS

1.EL CATARISME TURÍSTIC
1.1.ORÍGENS I CARACTERÍSTIQUES

Com que, a conseqüència del centralisme polític i econòmic de París, el Llenguadoc és una regió econòmicament deprimida, les autoritats locals miren de fomentar-hi el turisme i, lògicament, l'interès per la història dels càtars, viu a molts llocs d'Europa, en especial a Catalunya, hi ajuda molt. Sense anar més lluny, vers 1985, el consell general de l'*Aude* va decidir emprar com a reclam turístic el nom *Le Pays Cathare*, al qual, però, s'hi poden presentar dues objeccions:

> el catarisme no fou pas un fenomen privatiu de l'actual departament de l'*Aude*

> dins de l'*Aude*, hi ha Narbona, on, com sabem, no hi va haver càtars.

La principal conseqüència del catarisme turístic és que, actualment, al Llenguadoc, tot és càtar, fins al punt que, per exemple, a Albí (*Tarn*) no ens hem pas de sorprendre si hi veiem una agència immobiliària "càtara" (sic), com també s'ha usat el mot "càtar" com a marca de vi o de formatge o, fins i tot, s'ha arribat a elegir una *Miss Cathare*[29]. Segurament, l'exemple més grotesc de tots és el de la cuina càtara, una mostra de la qual és aquest text de Jaume Castell del seu llibre *Perquè mengem el que mengem*[30]:

---

29   Dalmau Ribalta, Antoni: *Els càtars.* pàgina 100

30   Fàbrega, Jaume: *La cultura del gust als Països Catalans.* Tarragona: Edicions el Mèdol, 2000

Percival i el Sant Graal de Seymour Millais Stone (1877-1957).

"Deixant a part tot l'ambient poètic, incògnit i enigmàtic que els [els càtars] envolta, sembla que als càtars els agradava viure bé i, si els agradaven les dames, com ho demostraren els trobadors, també els agradava un bon tiberi, i, de la mateixa manera que van inventar l'amor cortès, molt bé pogueren escampar els coneixements culinaris apresos als palaus on organitzaven jocs lírics i cavallerescos".

Naturalment, podem començar preguntant-nos quin ambient enigmàtic deu ser aquest, si avui dia qualsevol investigador pot accedir a les fonts documentals que permeten conèixer la realitat del catarisme. Que als càtars els agradés viure bé és indiscutible però al Cel, no pas en aquest món, obra del Dimoni, on la felicitat vertadera hi és del tot impossible. Quant a l'al·lusió a "les dames", potser vindria a tomb recordar que una característica del catarisme és el total rebuig del sexe, l'Església dels Bons Cristians no acceptava pas el matrimoni perquè li resultava inconcebible l'existència d'un sagrament capaç de santificar una activitat intrínsecament perversa com era el sexe; d'altra banda, no sembla gaire lògic suposar que els càtars fossin aficionats als plaers d'una bona taula i és del tot fals que inventessin l'amor cortès. Òbviament, els càtars no es dedicaven pas als jocs lírics i cavallerescos sinó a predicar la seva fe per carrers i places donant exemple de pobresa i de vida evangèlica.

1.2. ELS CASTELLS CÀTARS

Un dels principals atractius del catarisme turístic és la visita dels "castells càtars", expressió que pot induir a creure que es tracta d'una mena de temples on hi duien a terme els seus cultes i pràctiques. En realitat, però, aquests castells tenien poc a veure amb l'Església dels Bons Cristians.

En primer lloc, els càtars no construïen edificis de culte —temples, castells, esglésies o com se'n vulgui dir— perquè creien que

Déu —aliè a aquest món que no és creació seva sinó del Dimoni— no hi residia pas; els seus actes i serveis religiosos, els feien en espais oberts com ara carrers, places o camps. Per altra banda, molts dels castells mostrats avui dia com a càtars, en realitat, són construccions d'època posterior al catarisme, viu, només, durant els segles XII i XIII. Certament, el 1244, els catòlics prengueren el castell de Montsegur, on s'hi havien refugiat molts càtars perseguits per la repressió que seguí a les croades de 1209-18 i de 1226-28, i en feren cremar molts a la foguera; ara bé, l'actual edifici no és pas el d'aquell moment, sinó una construcció del segle XIV. Un altre element de la ruta dels castells càtars són unes fortaleses, edificades generalment al segle XIV, a prop del massís de les Corberes, una zona no gaire poblada i on, segons les mateixes fonts de la Inquisició, l'heretgia no hi va estar arrelada. Aquests castells, en realitat, eren simples fortaleses militars erigides en la zona que fa de frontera natural entre Catalunya i el Llenguadoc i que fou el límit meridional de França fins que, el 1659, arran del Tractat dels Pirineus, les comarques catalanes del Rosselló, Vallespir, Conflent, Capcir i part de la Cerdanya passaren a sobirania francesa, i esdevingueren, doncs, la Catalunya Nord.

Menerva, Termes i Cabaret, mencionats realment en els documents del segle XIII com a llocs de resistència contra els croats catòlics, no eren pas castells —edificis concebuts com a fortalesa militar— sinó pobles fortificats, on hi vivien el senyor, artesans i, fins i tot, pagesos de la rodalia. L'única relació de Menerva amb les croades contra els càtars és el refugi que hi van trobar el vescomte Guillem i molts d'altres supervivents de la massacre de Besiers i de la destrucció de Carcassona; no tots aquests fugitius havien de ser càtars, ja que, com ho testimonien les fonts de l'època, a Besiers i Carcassona, els croats hi havien practicat una repressió indiscriminada no respectant, ni tan sols, la vida dels catòlics; el mateix vescomte Guillem, després d'haver-se rendit, ingressà a l'orde militar dels Templers; d'altra banda, malgrat que, realment, a Menerva s'hi enviaren càtars a la foguera per heretges, les actuals denominacions que hom hi pot veure de "casa de les perfectes" o "carrer dels Màrtirs" no es basen en cap prova històrica. A Termes, el "castell càtar" consisteix en les restes de les muralles d'un castell reial fet erigir pels reis de França al segle XIV, i enderrocat al segle XVII per ordre del cardenal Richelieu, l'home de confiança de Lluís XIII (1610-1643)[31].

2.EL CASTELL DE MONTSEGUR
2.1.EL SANT GRAAL

La relació entre els càtars i tota mena de pràctiques esotèriques es basa no pas en les proves documentals sobre la història del Llenguadoc als segles XII i XIII sinó en la imaginació, la ignorància o l'absència de mètode científic d'alguns autors, les obres dels quals, però, acostumen a aconseguir èxits de vendes, sovint, amb uns tiratges d'edició superiors, dissortadament, al de les obres científiques sobre l'Església dels Bons Cristians; així per exemple, la literatura esotèrica del catarisme, originada a mitjans del segle XIX, ha arribat a publicar dos-cent títols entre 1970 i 1990.

El poeta i trobador alemany Wolfram von Eschenbach (1170-1220) fou l'autor de *Parzival,* un poema sobre la vida de Percival, un dels cavallers del rei Artús, en el qual va inspirar-se Richard Wagner (1813-1883) per escriure la seva òpera *Parsifal.* Percival buscava el Sant Graal que, en la ficció d'Eschenbach, estava amagat al castell de Montsalvat o Montsalvatge. Segons les mitologies celtes, el Graal és un objecte que cal trobar perquè posseeix poders miraculosos; la cristianització dels celtes —Irlanda, l'únic territori celta no conquerit pels romans, va ser evangelitzada al segle V— va dur a identificar el Graal amb el calze que havia fet servir Jesucrist en el Sant Sopar, o, en d'altres versions, amb la copa amb què Josep d'Arimatea va recollir la sang de Crist al peu mateix de la Creu.

Dins de la tradició de la literatura ocultista francesa, Claude Fauriel (1772-1844) situà l'origen del Graal a Provença, mentre que a *Les mystères de la chevalerie et de l'amour platonique au moyen* âge, l'escriptor i polític Eugène Aroux (1793-1859) definia el catarisme com una espècie de síntesi entre les doctrines neoplatòniques, la teologia catòlica i els evangelis; a més, els ideals

---

31   BRENON, Anne: *El veritable rostre dels càtars* pàgs 200-209

Castell de Montsegur.

de *fin'amor* dels trobadors occitans no es corresponien pas amb cap moment de la civilització medieval sinó que es tractava del model que els càtars contraposaren a les pràctiques reals de la cavalleria feudal, violenta, brutal, opressiva i corrupta[32]; d'altra banda, els perfectes crearen el seu ordre de cavalleria —la *Massenie du Saint-Graal*— amb el propòsit de fer tornar l'Església als ideals evangèlics. L'ocultista Joséphin Peladán (1859-1918), fundador de la Rosa Creu catòlica, va identificar el Montsalvat o Montsalvatge d'Eschenbach amb el "castell càtar" de Montsegur, com també, als primers anys del segle xx, va fer-ho Pierre-Barthélemy Gheusi (1865-1943) —tolosà però resident a París—, conegut també pel pseudònim Norbert Lorédan; d'aquesta manera, va néixer la idea que tant els càtars com els templers eren els custodis d'una mena de secret esotèric vinculat al caràcter nacional de França[33].

En la seva època d'estudiant, Otto Rahn, nascut a Michelstadt (Hesse) el 18 de febrer de 1904, va fascinar-se amb els càtars i amb la poesia d'Eschenbach i de d'altres trobadors alemanys com també va introduir-se en els cercles neopagans. Les seves inquietuds van dur-lo a l'*Ariège* —departament francès amb capital a Foix i sotsprefectures a Saint-Girons i Pàmies dins del qual està situat el castell de Montsegur— on esperava trobar-hi proves de la veracitat històrica del cavaller Percival, a qui identificava amb Ramon Roger Trencavel; per això, li semblava que el Graal devia d'estar amagat en algun lloc del Llenguadoc. En aquests viatges, va fer-hi coneixença de l'escriptor, poeta i dramaturg Maurice Magre (1877-1941), autor de *Le sang de Toulouse: histoire albigeoise du XIIIè siècle* (1931) on, atribuint un significat esotèric al castell de Montsegur, en feia un dels llocs del cicle de la saviesa i hi situava la custòdia del Graal, de Déodat Roché (1877-1978), difusor també de teories esotèriques sobre els càtars i els templers que va exposar a *Études manichéenes et cathares* (1952), i del místic Antonin Gadal (1877-1962), natural de Tarascon-sur-Ariège,

---

32   Thomazo, Renaud: *Les Cathares* Paris: Larousse, 2010 (Mystères)

33   Wood, Juliette: *Eternal Chalice: The Enduring Legend of the Holy Grail*. Nova York, I.B. Tauris, 2008

autor de *Sur le Chemin du Saint-Graal. Les anciens mystères cathares* (1960). A la zona de Foix, hi ha les grutes del Sabartés i Lombriva, situades dins del municipi de Tarascon-sur-Ariège, així com les de Fontanet i de les Esglésies, dins del poble d'Ornolac-Ussat-les-Bains; en totes aquestes coves, utilitzades i fortificades durant l'Edat Mitjana, tot un seguit d'ocultistes i esotèrics, entre els quals, Gadal, Rahn i Roché, hi van "descobrir" uns grafits i símbols —que, en realitat, en molts casos, els dibuixaren ells mateixos— els quals, comparant-los amb objectes trobats a les excavacions arqueològiques de Montsegur, demostraven les filiacions pitagòriques, priscil·lianistes, montanistes i mitraistes dels càtars com també les seves herències celtes o egípcies. L'origen de tot plegat està en els escrits del poeta i pastor protestant Napoléon Peyrat (1809-1881), natural de Les Bordes-sur-Arize (*Ariège*), que pretenia assimilar els càtars i els protestants per ser, tant els uns com els altres, víctimes de la persecució catòlica; segons la fantasia de Peyrat, els càtars supervivents a la presa de Montsegur haurien construït una "catedral" a la gruta de Lombriva i cinc-cents d'ells van morir-hi de fam, set i asfíxia el 1328 quan els croats i la Inquisició tancaren la sortida de la cova amb un mur de pedra; per això, si més no fins 1964, les guies turístiques més prestigioses consideraven la cova de Lombriva com a lloc càtar[34].

Rahn va escriure el 1933 *Kreuzzug gegen den Gral* (Croada contra el Graal) i, el 1937, *Luzifers Hofgesind, eine Reise zu den guten Geistern Europas* (La Cort de Llucifer, un viatge vers els bons esperits d'Europa); gràcies a aquests dos llibres, va atraure l'atenció de Heinrich Himmler, cap de les SS i de la Gestapo, així com un dels més destacats defensors de l'esoterisme dins de la cúpula del III Reich; Rahn, doncs, va entrar dins de les SS com a encarregat de tasques d'investigació arqueològica; de totes maneres, la seva carrera fou breu ja que, el 13 de març de 1939, el trobaren mort per congelació a Kaisergebirge, un massís muntanyós d'Àustria. El 19 d'octubre de 1940, Himmler va viatjar a Madrid, convidat pel comte de Mayalde, director general de Seguretat, per preparar l'entrevista que Hitler havia de tenir amb Franco a Hendaia,

---

34   Dalmau Ribalta, Antoni. *Els càtars* pàgina 108

el dia 23; acabada la seva feina a Madrid, Himmler, que havia participat en l'extradició a Espanya del president Lluís Companys, va decidir aprofitar l'estada per fer turisme; així, va anar a Donosti i continuà per Alsasua (Navarra), Burgos, on visità la Cartoixa, Madrid, Toledo i Barcelona, des d'on va traslladar-se al monestir de Montserrat. Rahn va descartar la possibilitat que el Graal es custodiés a Montserrat, però, fent-se ressò de la visió màgica de la muntanya catalana que s'havien format alguns escriptors romàntics alemanys com ara Wilhelm von Humboldt, que va viatjar-hi el 1800 i explicà l'experiència al seu amic Goethe, que en parlà als seus poemes, Himmler no va fer cas de l'afirmació de Rahn i considerà Montserrat com un dels llocs on podia haver-hi el Graal, i aquest fou el seu interès per l'abadia benedictina[35].

2.2. EL TEMPLE SOLAR

La idea que el Castell de Montsegur fos un temple solar té la seva font en *Montsegur, temple et forteresse des cathares d'Occitanie* obra de l'esotèric Fernand Niel (1903-1985), deixeble de Déodat Roché, i que, per sorprenent que sembli, des de 1955, la col·lecció *Que sais-je?* de les *Presses Universitaires de France* va reeditant contínuament, del tot aliena a l'evolució de la historiografia sobre el catarisme[36].

Segons Niel, Montsegur és un castell zodiacal i, per això, el considera un temple maniqueu que va sobreviure a la cristianització. És veritat que la torre mestra de Montsegur té les ballesteres orientades cap al punt de sortida del Sol al moment del solstici d'estiu; ara bé, com hem dit abans, l'actual castell de Montsegur no és pas el que hi havia en època dels càtars. D'altra banda, si els càtars atribuïen la creació del món material al Dimoni, com podien retre culte a un element d'aquest món com ho és el Sol?

35   FINESTRES, Jordi; SOLÉ, Queralt: *1940 Nazis a Montserrat*. Sapiens, nún 3 gener 2003, pàgines 22-27

36   DALMAU RIBALTA, Antoni. *Els càtars* pàgina 107

2.3. EL TRESOR DELS CÀTARS

La comunitat religiosa instal·lada a Montsegur entre 1232 i 1244 administrava una quantitat de diners; en vistes a una ja previsible capitulació, una gran part d'aquest numerari fou evacuada de Montsegur el dia de Nadal de 1243 i amagada en una gruta fortificada de Sabartés; la vigília del dia de les fogueres on es cremaren els condemnats per heretgia, uns càtars fugiren de Montsegur per intentar salvar-lo.

La tradició esotèrica va identificar el tresor càtar amb uns textos desconeguts de Plató, una versió no falsificada de l'Evangeli de Sant Joan on s'hi contindria la veritable doctrina de Crist, un llibre perdut de Flavi Josep (37-100), historiador jueu a qui s'atribueixen testimonis sobre la vida de Jesús, documents incòmodes per a Blanca de Castella —muller de Lluís VIII de França (1223-1226) i regent durant la minoria d'edat del seu fill Lluís IX (1226-1270)— i, com era d'esperar, el Graal. Lògicament els esotèrics, que pretenen remuntar-ne l'origen a la destrucció del Temple de Salomó pels babilonis el 586 a de J.C., relacionen el tresor dels càtars amb els templers. Segons Napoléon Peyrat, aquest tresor s'havia de trobar en un soterrani existent a Montsegur, al qual s'accedia en època dels càtars baixant-hi des de la torre mestra per una enrevessada escala de tres mil esglaons. Des de finals del segle XIX, hi ha qui, per tal de trobar aquest famós tresor, ha fet excavacions, amb explosius i tot[37].

2.4. LES FITXES DE PLOM

A partir de 1963, les excavacions de Montsegur van descobrir objectes d'ús comú entre els col·lectius que, durant les diferents èpoques de la història, hi han habitat.

Entre els datables a l'Edat Mitjana, hi ha una gran quantitat de fitxes o discos de plom; algú hi ha vist signes que identificaven els membres d'un mateix grup secret. Anne Brenon ho troba versemblant perquè, al capdavall, els càtars refugiats a Montsegur

---

37   Ídem pàgina 109

vivien en la clandestinitat i bé havien d'evitar que hi entrés algú a fer-hi d'espia. Ara bé, els motius decoratius d'aquestes fitxes no responen pas a les creences càtares perquè apareixen també en llocs on no va existir el catarisme[38].

2.5.ELS CÀTARS AL TIBET

Segons aquesta llegenda, difosa per via oral a Lavelanet (*Ariège*), capital de la comarca del Pays d'Olmes, els inquisidors van perseguir els càtars fins al Tibet, on van ser exterminats tots. Potser aquesta llegenda té origen en Maurice Magre, decidit a demostrar que el catarisme tenia influències orientals, budistes, concretament.

D'altra banda, igualment s'explicava que l'alcalde de Saint-Jean-d'Aigues-Vives (*Ariège*) havia vist en una de les coves excavades al cim de Montsegur tres homes amb uns vestits que semblaven xinesos, com també que, entre el 1850 i el 1870, s'havia trobat a Montsegur un llibre escrit en xinès, relligat en pergamí i amb una pàgina il·lustrada[39].

3.ESCLARMONDA DE FOIX

Esclarmonda de Foix, que va acabar sent priora d'una casa de dones càtares, va néixer entre 1155 i 1160, filla del comte Roger Bernat I de Foix (1149-1188) i de Cecília de Besiers, mentre que els documents del IV Concili de Letrà (1215) donen a entendre que, aleshores, ja era morta. En un col·loqui celebrat a Pàmies el 1207, Esclarmonda va intentar prendre-hi la paraula i un representant de l'Església Catòlica li va etzibar "Vinga, senyora, torneu a la vostra filosa. No us escau de parlar en un debat com aquest[40]".

Napoléon Peyrat va construir el mite d'Esclarmonda, com si ella hagués estat poc menys que la creadora del catarisme, arribant a atribuir-li la reconstrucció de la ciutadella mística de Montsegur, lloc on reposaria per sempre, enterrada en la gran

---

38   Ídem pàgina 111
39   Ídem pàgina 111
40   Ídem pàgina 108

Castell de Foix.

cripta. Naturalment, si els càtars consideraven el cos com la presó en què el Dimoni té captives les ànimes en el món material, impedint-los així de tornar al Cel, hauria tingut sentit aquesta mena de mausoleu que descrivia Peyrat?

4.PRETESOS SÍMBOLS CÀTARS

Les esteles discoïdals són monuments monolítics funeraris constituïts per un peu o base, coronat per un disc obrat de pedra; n'hi ha a tot arreu del món i se n'han construït en totes les èpoques històriques. Com que n'hi ha moltes al Lauragès, una comarca on el catarisme hi tingué molta presència, Déodat Roché va afirmar el 1943 que es tractava de monuments càtars; per això, el 1960, la *Société du Souvenir et des Études Cathares*, fundada per Roché, va honorar la memòria dels "màrtirs del pur amor crestian" alçant una estela discoïdal al peu de Montsegur. Segons el medievalista francès Jean Duvernoy (1917-2010), estudiós dels valdesos, els càtars i la Inquisició, però, és incorrecte relacionar els càtars amb les esteles discoïdals perquè se'n troben en llocs on no va donar-se el catarisme o bé la seva construcció és posterior a l'època dels càtars; d'altra banda, si se debò haguessin estat símbols del catarisme, llavors no s'entendria com va ser que, al segle XIII, no les destruís la Inquisició, interessada a no deixar cap rastre de l'heretgia[41].

Avui dia, pot haver-se difós la idea que un tipus determinat de creu era el símbol dels càtars. Això és del tot impossible per una raó molt senzilla: els càtars creien que Jesús havia dut a terme la seva missió redemptora no pas morint a la Creu, fet que arribaven, fins i tot, a negar, sinó ensenyant la doctrina de rebuig al món material. En conseqüència, els càtars rebutjaven el símbol de la Creu, per això, entre els historiadors seriosos, els càtars, en alguna ocasió, han estat definits com a cristians sense creu.

5.MOSSÈN SAUNIÈRE
5.1.EL RECTOR I LA MAJORDOMA

Al bisbat de Carcassona, no estaven pas contents amb l'actuació del capellà Bérenger Saunière (1852-1917), professor del seminari de Narbona; per això, el 22 de maig de 1885, van nomenar-lo rector de Rennes-le-Château, en època medieval la capital del comtat de Rasès, però, aleshores, un petit poble del departament de l'*Aude* que, a causa de la seva pobresa, registrava un molt elevat índex d'emigració, d'ací que passés de tenir 474 habitants el 1851 a tenir-ne només 241 el 1891. En realitat, mossèn Saunière no fou mai un capellà modèlic ja que, aviat, a Rennes es va fer notar per dos motius:

les seves simpaties polítiques legitimistes que el duien a satanitzar la III República Francesa (1870-1940) presentant-la com un règim instaurat pels maçons

la decisió d'agafar com a majordoma Marie Denarnaud (1874-1953), que només tenia divuit anys

D'altra banda, si, durant els seus primers anys com a rector, no va disposar de gaires recursos econòmics, a partir de 1891 va començar a efectuar sumptuoses obres arquitectòniques a l'església

---

41   Ídem pàgina 110

El capellà de Rennes-le-Château, François Bérenger Saunière (1852-1917).

parroquial i a la rectoria, el 1897 va fer-se construir una església nova i, el 1899, va comprar sis parcel·les al poble, que posà a nom de Marie Denarnaud, designada com la seva legatària principal; en un d'aquests terrenys, hi féu erigir la Torre Magdalena i en un altre la mansió denominada Villa Bethania que, en principi, hauria hagut de servir com a residència de capellans jubilats. Naturalment, a Rennes molta gent es preguntava d'on treia els diners i, al final, les autoritats eclesiàstiques van decidir intervenir-hi; com que les explicacions que li va donar sobre l'origen de la seva fortuna no les deuria trobar prou convincents, el 1910, monsenyor Paul-Félix Beuvain de Beauséjour, bisbe de Carcassona (1902-1930), va suspendre *a divinis* mossèn Saunière, és a dir, va privar-lo d'exercir les seves funcions sacerdotals i, per això, nomenà un nou rector per a Rennes; apel·lant a Roma, el 1913 mossèn Saunière va aconseguir la rehabilitació però el 1915 fou suspès de nou.

El 22 de gener de 1917, mossèn Saunière va morir, sobtadament, a causa d'un atac de cor i Marie Denarnaud quedà com la seva única hereva; per això, el 1946 va aconseguir que l'home de negocis Noël Corbu (1912-1968), parisenc però establert a Perpinyà i casat amb Enriqueta Coll, catalana, li concedís un vitalici sobre Villa Bethania; a més, va fer testament reconeixent com a hereus el matrimoni Corbu.

5.2. LA CREACIÓ DE LA LLEGENDA

A Villa Bethania, Noël Corbu va muntar-hi un hotel i, segurament per atraure-hi clients, va començar a explicar històries sobre la misteriosa fortuna de mossèn Saunière, recollides pel periodista André Salomon en tres articles que publicà els dies 12, 13 i 14 de gener de 1956 a *La Dépêche du Midi*, diari regional tolosà que es ven als departaments de l'*Ariège, Aude, Aveyron, Haute-Garonne, Gers, Lot, Lot-et-Garonne, Hautes-Pyrénées, Tarn* i *Tarn-et-Garonne*. A "*La fabuleuse découverte du curé aux milliards. M. Noël Corbu connaît-il la cachette du trésor de l'abbé Saunière qui s'élève à 50 milliards?*", el tercer d'aquesta sèrie d'articles, Corbu, entrevistat per Salomon, hi afirmà que, casualment, mossèn Saunière va trobar-se un tresor colgat a sota l'església el 1249 per Blanca de Castella mentre Lluís IX estava lluitant a les croades. Aquesta llegenda va portar a Rennes un curiós personatge de nom Pierre Plantard (1920-2000), que, juntament amb Philippe de Chérisey (1923-1985), fou l'autor dels documents continguts als *Dossiers Secrets d'Henri Lobineau*, donats "anònimament" a la Biblioteca Nacional de París el 27 d'abril de 1967; un d'aquests documents, titulat *Généalogie des Rois Mérovingiens*, és un arbre genealògic que pretén demostrar que Plantard descendia del el rei merovingi Dagobert II (676-679), el qual a Rennes s'hauria casat amb una princesa visigoda; suposadament, aquests documents eren uns pergamins que va trobar-se'ls mossèn Saunière fent obres de reforma a l'església de la parròquia de Rennes. Chérisey i Plantard van posar-se en contacte amb Gérard de Sède (1921-2004) qui, el 1967, va escriure *L'or de Rennes*, el gran èxit del qual va contribuir a difondre les llegendes dels pergamins i del tresor de mossèn Saunière.

El 1982, després d'haver realitzat unes quantes pel·lícules sobre el misteri de Rennes-le-Château, els periodistes britànics Michael

Baigent, Richard Leigh i Henry Lincoln van publicar l'assaig *The Holy Blood and the Holy Grail*, on, sense cap mena de fonament, difonien una idea dels *Dossiers Secrets d'Henri Lobineau*: l'existència, des de l'edat mitjana fins a l'actualitat, del Priorat de Sió, una mena d'organització secreta fundada el 1099, en època de la Primera Croada, i vinculada a l'Orde del Temple i als càtars; en realitat, aquesta entitat va crear-la Plantard el 1956. Ací hi ha l'origen de la idea, adoptada per Dan Brown al *Codi da Vinci*, que Jesús i Maria Magdalena van anar a França on van tenir descendència; d'altra banda, hi ha qui situa l'origen de la fortuna de mossèn Saunière en la troballa d'un suposat tresor càtar.

BIBLIOGRAFIA

800 anys després de Muret: els trobadors i les relacions catalanooc-citanes; Vicenç Beltran, Tomàs Martínez, Irene Capdevila, eds. Barcelona: Publicacions i Edicions de la Universitat de Barcelona, 2014

Al temps de la Crosada: societats e poders en Lengadòc al sègle 13: libret de la mòstra revirada en occitan Carcassonne: Archives départamentales de l'Aude; Institut d'Estudis Occitans-Aude, 2009

Au temps de la Croisade : sociétés et pouvoirs en Languedoc au xiiie siècle : ates des conférences et tables rondes tenues dans l'Aude, 3 avril-20 octobre 2009 / organisées par les Archives départementales de l'Aude Carcassonne: Archives départementales de l'Aude, 2010

La encrucijada de Muret Sevilla: Sociedad Española de Estudios Medievales : Archivos y Publicaciones Scriptorium, 2015 (Monografías de la Sociedad Española de Estudios Medievales. Serie Maior; 6)

Les Cathares en Occitanie à l'initiative de Robert Lafont ; avec la collaboration de Paul Labal, Jean Duvernoy, Michel Roquebert... [et al.]; rédaction coordonnée par Rémy Pech; préf. Robert Lafont, Rémy Pech Paris: Fayard, 1982

Contingut:
LABAL, Paul: "L'Église de Rome face au catharisme"
DUVERNOY, Jean: "La religion cathare en Occitanie"
ROQUEBERT, Michel: "Le paysage et les homes"
LAFONT, Robert: "Catharisme et littérature occitane: la marque par l'absence"
MARTEL, Philippe: "Les cathares et leurs historiens"

L'Herètica pravitat a la Corona d'Aragó: documents sobre càtars, valdesos i altres heretges (1155-1324); edició a cura de Sergi Grau Torras, Eduard Berga Salomó, Stefano M. Cingolani Barcelona: Fundació Noguera, 2015 (Diplomataris; 69, 70)

ADROER i TASIS, Anna M.; CATALÀ i ROCA Pere. *Càtars i catarisme a Catalunya*. Barcelona: Rafael Dalmau Ed. (Nissaga, núm 12), 1996

ALBERT i CORP, Esteve. *Arnau de Castellbó*. Andorra la Vella: Pirene, 1983

ALVIRA CABRER, Martín: *Muret 1213: la batalla decisiva de la cruzada contra los cátaros* Barcelona: Ariel, 2008 (Ariel grandes batallas)

———*Pedro el Católico, rey de Aragón y conde de Barcelona (1196-1213): documentos, testimonios y memoria histórica* Zaragoza: Institución Fernando el Católico, 2010 (Fuentes históricas aragonesas; 52)

ARNOLD, John H.: *Inquisition and Power: Catharism and the Confessing Subject in Medieval Languedoc* Philadelphia: Univesity of Pennsylvania, 2001 (Middle Ages series)

BIBIÀ BALADA, Jordi: *Els nostres càtars: el catarisme a la Corona d'Aragó* Barcelona: Dux, 2005 (Elm; 3)

BRENON, Anne: *El veritable rostre dels càtars. Creences i estil de vida*. Pròleg de Jordi Ventura: "Càtars i catarisme a Catalunya". Lleida: Pagès / Barcelona: Proa, 1998

———*Montségur, 1244-1994: mémoire d'hérétique*; photographies de Jean-Louis Gasc Portet-sur-Garonne: Loubatières, 1994

COROMINAS BERET, Frederic; POU i RIUS, Ramon: *Anàlisi de la Teologia càtara*; dirigida pel Dr. Ramon Pou. Barcelona: Facultat de Teologia de Catalunya, 1998

DALMAU i FERRERES, Rafael. *L'heretgia albigesa i la batalla de Muret*. Barcelona: Rafael Dalmau Ed, 1996

DALMAU RIBALTA, Antoni. *Els càtars*. Barcelona: Editorial UOC, 2002

DÉBAX, Hélène: "Les feudalitats al Llenguadoc i a Catalunya. Algunes observacions sobre les divergències de l'evolució". Revista *L'Avenç* núm 202

DUVERNOY, Jean: *La Captura del cátaro Bélibaste: delación ante el tribunal de la Inquisición de Pamiers, el 21 de octubre de 1321*; traducción del francés de Mario Muchnik Barcelona: Muchnik, 1987

———*Inquisition en terre cathare: paroles d'hérétiques devant leurs juges* Toulouse: Privat, 1998

Escura i Dalmau, Xavier: *Crònica dels càtars. El somni occità dels reis catalans.* Barcelona: Signament, 1996

———*Els Mites de Muret i Montsegur* Barcelona: Rafael Dalmau, 2003 (Episodis de la història; 338)

Garcia, Marie-Carmen; Genieys, William: *L'Invention du pays cathare: essai sur la constitution d'un territoire imaginé*; préface de Paul Alliès Paris [etc.]: L'Harmattan, 2005 (Questions contemporaines)

García-Guijarro Ramos, Luis: "Reforma eclesiástica y renovación espiritual" dins de *Historia Edad Media Universal*; Vicente Ángel Álvarez Palenzuela (coord.) Barcelona: Ariel, 2005 (Ariel historia)

Given, James B.: *Inquisition and Medieval Society: Power, Discipline, and Resistance in Languedoc* Ithaca; London: Cornell University Press, 1997

Gort i Juanpere, Ezequiel: *Occitans i càtars a Montsant i muntanyes de Prades: segles XII-XIV* Albarca: Migdia Serveis Culturals, 2006 (Llibres de la Carxana)

Grau Torras, Sergi: *La Invenció dels càtars: la veritable història dels bons homes a Catalunya* Barcelona: Angle, 2016 (Inspira; 56)

Jiménez-Sanchez, Pilar: *Les catharismes*, Presses Universitaires de Rennes, 2008

Hamilton, Bernard: *Monastic Reform, Catharism and the Crusades, 900-1300* London: Variorum Reprints, 1979 (Collected studies; CS97)

Kienzle, Beverly Mayne: *Cistercians, Heresy, and Crusade in Occitania, 1145-1229: Preaching in the Lord's Vineyard* Woodbridge: York Medieval Press, 2001

Labal, Paul: *Los Cátaros: herejía y crisis social*; traducción de Octavi Pellissa Barcelona: Grijalbo, 1995 (Libro de mano; 27)

Maestra, Francesc F.: *La Utopia dels càtars* Barcelona: Columna, 2005 (Columna idees; 21)

Maestra, Francesc F; Villagrasa, Fèlix; Ventura, Jordi: *L'Últim càtar: conversa amb Jordi Ventura* Barcelona: Oikos-tau, 1998 (Quantia)

Nelli, René: *Diccionari del catarisme i les heretgies meridionals.* Ciutat de Mallorca: J.J. de Olañeta, 1997.

———*La philosophie du catharisme: le dualisme radical au xiiie siècle*, Paris, Payot, 1975. Privat, 1988.

———*Écritures cathares. La totalité des textes cathares traduits et commentés. La Cène secrète, Le livre des deux principes, Traité cathare, Le rituel occitan, Le rituel latin,* Planète, 1968, 253 p. Rééd. revue avec Anne Brenon, éditions du Rocher, 2011

Oldenbourg, Zoé: *La Hoguera de Montsegur: 16 de marzo de 1244: los cátaros en la historia*; traducción y prólogo: Antoni Dalmau Barcelona: Edhasa, 2002 (Ensayo histórico)

———*Le bûcher de Montségur: 16 mars 1244*; introduction de Gérard Walter   Paris: Gallimard, 1989 (Collection Folio. Histoire; 23)

Piñero, Antonio: *Los Cristianismos derrotados: ¿cuál fue el pensamiento de los primeros cristianos heréticos y heterodoxos?* Madrid: Edaf, 2007 (Ierusalem)

Roquebert, Michel: *La Religion cathare*, Perrin 2001; (Collection "Tempus"; 259)

Ventura, Jordi: *Pere el Catòlic i Simó de Montfort.* Barcelona: Selecta-Catalònia, 1996, (Antílop; 41)

———*Els heretges catalans.* Barcelona: Biblioteca Selecta, 1976